北大版汉语教学辅助用书

表演学汉语

朱瑞蕾　张　云　戴丽华　陈　蒙　编著

北京大学出版社
PEKING UNIVERSITY PRESS

图书在版编目(CIP)数据

表演学汉语/朱瑞蕾,张云,戴丽华,陈蒙编著.—北京:北京大学出版社,2010.6
(北大版汉语教学辅助用书)
ISBN 978-7-301-17143-1

Ⅰ.表… Ⅱ.①朱… ②张… ③戴… ④陈… Ⅲ.汉语—对外汉语教学—教学参考资料　Ⅳ.H195.4

中国版本图书馆 CIP 数据核字(2010)第 072679 号

书　　　名：表演学汉语
著作责任者：朱瑞蕾　张　云　戴丽华　陈　蒙　编著
责 任 编 辑：贾鸿杰　jiahongjie2004@126.com
标 准 书 号：ISBN 978-7-301-17143-1/H·2489
出 版 发 行：北京大学出版社
地　　　址：北京市海淀区成府路 205 号　100871
网　　　址：http://www.pup.cn
电　　　话：邮购部 62752015　发行部 62750672　编辑部 62753374　出版部 62754962
电 子 邮 箱：zpup@pup.pku.edu.cn
印 刷 者：北京宏伟双华印刷有限公司
经 销 者：新华书店
　　　　　787 毫米×1092 毫米　16 开本　11.75 印张　244 千字
　　　　　2010 年 6 月第 1 版　2016 年 2 月第 2 次印刷
定　　　价：45.00 元(含 DVD 盘 1 张)

未经许可,不得以任何方式复制或抄袭本书之部分或全部内容。
版权所有,侵权必究　举报电话：010-62752024
　　　　　　　　　电子邮箱：fd@pup.pku.edu.cn

目录

前言

话剧
想家 3
相亲 10
孔融让梨 26
自相矛盾 34
此地无银三百两 39
梁山伯与祝英台 50

小品
股迷杰克 71
我说错了吗？ 81
快乐约会 87
购物 98
老外做客 109
圆圆减肥 120

诗歌
131 声调歌
133 数字歌
135 亲属歌
138 告别母校

相声
145 味道怎么样？
150 今天吃什么？
156 老爸和老八
163 西行记

双簧
173 女友来信了
176 过大年

前言

"说汉语像唱歌,写汉字像画画",汉语学习者的这句话展现了汉语的韵律美和汉字的形体美。学习汉语,不仅仅是语音、词汇、语法、修辞等语言知识的记忆和积累,听、说、读、写等语言技能的培养和提高,同时,在这个过程中,学习者应该更能感受到学习汉语的无穷乐趣以及由此带来的成就感与满足感。古人云:"知之者不如好之者,好之者不如乐之者。"在享受与陶醉中感受汉语、提高汉语,才是学习汉语的最高境界。

每个人都有展现自我的内在愿望,汉语学习者也不例外。激情舞台并不只属于专业演员,我们每个人都可以在舞台上展示自己的独特风采。"快乐的汉语舞台"不仅可以帮助学生积极主动地纠正发音,从各个方面快速提高汉语应用能力,还可增进彼此之间的友谊,加深他们对中国的了解和感情,增强对生活的热爱和对自己的信心。

本书中所有演出剧本均为原创,由教学经验丰富的汉语教师创作而成,参与演出的外国朋友们也提出了很多修改和完善的建议,使得剧本的内容、形式、难度和长度更适合汉语学习者演出。

剧本内容丰富,既有反映现代中国社会生活的,也有反映外国朋友留学中国、学习汉语的,还有体现中国文化的小故事。体裁多

样,既有口语色彩浓厚的话剧,喜闻乐见的小品,也有抒发个人情感的诗歌朗诵,还有中国广受欢迎的传统艺术形式——相声、双簧等。风格各异,有的幽默诙谐,有的情真意切,还有的发人深思……大部分剧本都演出过,取得了令观众和演员都很激动和振奋的效果,给大家留下了难忘的记忆。

  本书共22个剧本,汉语教师在使用过程中可以根据实际情况对剧本的内容进行调整,在汉语课堂上选择性地练习表演,以帮助学生全面地提高汉语水平,也可以根据需要选择部分难度内容适合的剧目组织一台丰富的汉语演出,在轻松、快乐、令人激动的氛围中调动学习者学习汉语的兴趣,展现汉语、汉文化的魅力。汉语学习者还可以用书中的剧本练习汉语,自娱自乐,同时书中的所有剧本也都是优美的阅读材料。

编 者

话 剧

谈谈话剧

话剧是指以对话为主的戏剧形式，最早产生于古希腊和古埃及，在欧洲统称戏剧(drama)。话剧是一门综合性艺术，语言和动作是它的主要表现手段。

1907年，话剧传入中国，当时的名称是"爱美剧"和"白话剧"，《黑奴吁天录》(作者：曾孝谷、李叔同)是中国早期话剧的第一个剧本。1928年，剧作家洪深提议定名为话剧，从此，这个由西方传入中国的剧种有了一个大家认可的正式名称。

经过一百多年的发展，话剧不但已成为中国的一大剧种，而且已经把一种外来的艺术形式转化为具有现代性和民族特色的中国戏剧样式，成为中华民族文学艺术的组成部分。

郭沫若的《屈原》、《蔡文姬》，老舍的《茶馆》、《龙须沟》，曹禺的《雷雨》、《日出》、《原野》，夏衍的《法西斯细菌》、《上海屋檐下》，田汉的《名优之死》、《获虎之夜》，洪深的《五奎桥》等都是中国著名的话剧。

话剧通过人物性格反映社会生活，话剧中的对话是经过加工的口语，必须具有个性化，自然、精练、生动、优美，富有表现力，通俗易懂。

本书为读者安排了六个话剧，既有反映中国现实生活的，也有反映在华留学生生活的，如《相亲》、《想家》等，还有具有深厚中华文化内涵的，如《孔融让梨》、《此地无银三百两》等。

> 离开家乡，
> 告别亲人，
> 异国他乡，
> 留学生活原来是这样的……

适合初级水平汉语学习者演出

人物说明

梅　西：女，二十岁左右，在华留学，法国人，汉语初级班学生，活泼开朗。
露易丝：女，二十岁左右，梅西的同学，英国人，不善交际。
迪　卡：男，二十岁左右，梅西的同学，德国人，内向。
李夏伦：男，二十岁左右，梅西的同学，柬埔寨人，善于交际。
提　克：男，二十岁左右，梅西的同学，尼泊尔人，好动。
尼　玛：女，二十岁左右，梅西的同学，坦桑尼亚人，很理性。

道 具

1. 三张课桌
2. 六把椅子
3. 几本课本
4. 一个纸飞机

[课间休息,学生们七嘴八舌:"终于下课了!""累死了!""今天天气真冷!"……露易丝趴在桌子上睡觉,提克和尼玛在折纸飞机,迪卡在看书]

梅　　西:(对李夏伦)时间过得真快,我们来的时候还是夏天,现在已经快冬天了。

李夏伦:是啊,我们来的时候一句汉语也不会说,现在已经能说很多了。我觉得我们的汉语水平提高得很快。

梅　　西:不是很快,是太快了!你上个周末去哪儿了?我去找你,你不在宿舍。

李夏伦:我和中国朋友一起去动物园了,你猜我在那里看到谁了?

梅　　西:在动物园你能看到谁?谁最爱去动物园?

李夏伦:你猜。它长得有点儿胖,眼睛不大,戴着一副眼镜,穿着黑色和白色的衣服,走路有点儿慢。大家都说它很可爱。

梅　西：我知道了，是我们班的李老师！

李夏伦：(笑)怎么是李老师呢？李老师怎么能在动物园呢？是大——熊——猫。

梅　西：那你问我"看到谁了？"问动物应该说"看到什么了？"或者是"看到什么动物了？"

李夏伦：我是想跟你开个玩笑。对了，刚才上课的时候老师说的那个"就"我还不明白，你给我讲讲吧。

梅　西：好吧。

　　　　[两人一起看书]

提　克：(扔纸飞机)快看！我的飞机起飞了！

尼　玛：已经降落了！你的飞机飞得太低了，刚起飞就降落了。

迪　卡：如果能坐你的飞机回家就好了，那样多快啊！

提　克：你敢坐我的飞机吗？

迪　卡：如果你的飞机真能飞的话，我就坐你的飞机回国。

提　克：(手举纸飞机，对迪卡说)你坐我的飞机回国吧，先生，我的航班就要起飞了，请你系好安全带，跟你的同学说再见！飞了！

　　　　[扔纸飞机，纸飞机很快掉在地上]

尼　玛：(惋惜地)哎呀，迪卡的飞机又坏了！迪卡死了。

　　　　[装作哭的样子]

提　克：(对迪卡)星期天你去哪儿了？

迪　卡：我哪儿也没去。周末我一个人在宿舍，睡懒觉，看电

视,洗衣服,做作业,一个人真没意思。你们周末做什么了?

提 克:我和几个同学一起去千佛山了,回来的时候我们还去了博物馆,了解了一些关于佛教的历史和文化。

尼 玛:我们准备下个星期和中国朋友一起去秋游,这样不但能看到美丽的风景,锻炼身体,还可以跟中国朋友一起说汉语,他们可以教我们很多课本上学不到的东西。

迪 卡:我也想认识中国朋友,可是我不知道怎么认识他们。

尼 玛:在中国认识中国朋友的机会太多了,特别是在校园里。参加校园活动就能认识许多同一个学校的中国学生,他们也想认识我们留学生呢,所以认识中国朋友并不难。

[梅西、李夏伦一起聚过来]

李夏伦:明天是我的生日,这是我第一次在外国过生日,我想举行一个生日聚会,你们能来吗?

梅西、提克、迪卡、尼玛:当然能了,我们要一起祝你生日快乐!

李夏伦:(看到露易丝趴在桌上不说话)露易丝怎么了?最近她好像不太高兴,是不是身体不舒服了?

迪 卡:不是,最近她有点儿想家了。晚上睡得晚,睡得也不太好。你们每天都那么高兴,是不是一点儿也不想家?

梅 西:怎么能不想呢?不过忙的时候就不想了。现在每天学汉语还忙不过来呢,真没时间想家了。

李夏伦：你在中国的时候会想家,可是等你回国以后又会想中国。

梅　西：你说得对。我离开家以后,才觉得我的心和家人更近了,我的国家也更可爱了。

迪　卡：(看表)要上课了,老师快来了。叫醒她吧。

梅　西：露易丝,露易丝,醒醒！

露易丝：(抬头,睡得迷迷糊糊地)妈妈,妈妈,我还想吃。

梅　西：露易丝,你看看我是谁？我是你的妈妈吗？

露易丝：哎呀！都是你！打断了我的美梦。

梅　西：啊？你还做梦了？

提　克：梦到什么了？

露易丝：梦到我回家了,全家人很高兴,妈妈给我做了很多好吃的,桌上还有一个北京烤鸭。

尼　玛：你妈妈会做北京烤鸭？味道怎么样？

露易丝：我刚要吃,梅西就把我叫醒了。妈妈走了,北京烤鸭也飞了。

李夏伦：没关系,露易丝,明天聚会的时候一起吃北京烤鸭吧！

尼玛、梅西、提克、露易丝、迪卡：真的？太好了！我们爱你,李夏伦！我们爱北京烤鸭！

梅　西：上课了！老师来了！

[学生们都坐到座位上,打开书,准备上课]

(剧终)

学习向导

词语

1. 提高	（动）	tígāo	improve
2. 猜	（动）	cāi	guess
3. 爱	（动）	ài	like
4. 可爱	（形）	kě'ài	lovely
5. 动物	（名）	dòngwù	animal
6. 开玩笑		kāi wánxiào	make a joke
7. 起飞	（动）	qǐfēi	take off
8. 降落	（动）	jiàngluò	land
9. 系	（动）	jì	tie
10. 安全带	（名）	ānquándài	seat belts
11. 风景	（名）	fēngjǐng	landscape
12. 锻炼	（动）	duànliàn	exercise
13. 机会	（名）	jīhuì	opportunity
14. 特别	（副）	tèbié	especially
15. 醒	（动）	xǐng	wake up, be awake
16. 打断	（动）	dǎduàn	stop

| 17. 美梦 | （名） | měi mèng | good dream |
| 18. 做梦 | | zuò mèng | dream |

千佛山：位于山东省济南市，面积166.1公顷，海拔285米。因山上佛像很多，故得名"千佛山"。

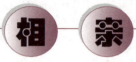

一个风趣幽默的爸爸,一个酷爱网球的妈妈;
一个小气的男孩,一个温柔的女孩;
一个朴实的男人,一个时髦的小姐;
一个服装设计师,一个柔道运动员;
他们会有什么非同一般的相亲故事呢?

适合中级水平汉语学习者演出

人物说明

小　　鱼:女,婚姻介绍人。
牛帅帅:男,25岁,开朗活泼。
杨美美:女,二十多岁,比牛帅帅小,内向害羞。
牛帅帅的爸爸:男,五十多岁,网球教练,运动健将。
杨美美的妈妈:女,五十多岁,直爽大方。
张　伟:男,三十岁左右,小气,爱炫耀。
王　燕:女,二十多岁,温和,有礼貌。

话剧 相亲 XIANG QIN

服务员:女,二十多岁。
方　正:男,三十多岁,朴素,老实。
孙小梅:女,二十多岁,年轻漂亮,嫌贫爱富。
林　明:男,二十多岁,比较瘦,服装设计师,女性化。
张　苹:女,二十多岁,比较胖,柔道运动员,男性化。

道具

1. 桌子一张
2. 椅子两把
3. 菜单一份
4. 戒指一枚

第一幕

[舞台上两把椅子]

小　鱼:(旁白)大家好!我是小鱼。问大家个问题,你们都有男朋友或女朋友吗?没有没关系,找我呀!我是专门给人介绍对象的。给人介绍对象这事儿可太有意思啦。下面先请大家看看我介绍成的第一对儿。

[牛帅帅的爸爸(下简称"牛爸爸")上]

牛爸爸:(对观众)你们看见我儿子了吗?我儿子呢?和我一般高

的。(从观众里找到了儿子)怎么跑这儿来了!
[牛帅帅很不情愿地被爸爸拉上舞台]

牛爸爸：(把儿子摁在椅子上)快坐下!(对观众)我这儿子今年25了,还没对象呢……

牛帅帅：你也没对象!

牛爸爸：(生气的样子)我没对象你怎么来的?

牛帅帅：你离婚了。

牛爸爸：你这孩子!别说了!今天我朋友小鱼说要给我儿子介绍个对象,听说姑娘不错。这姑娘怎么还没到呢?
[杨美美的妈妈(下简称"杨妈妈")领着女儿上,让女儿坐到椅子上]

杨妈妈：大家好!这是我女儿,又聪明又漂亮,可是还没有对象。今天小鱼说要给我女儿介绍一个,看这小伙子一米八多,真是不错。
[牛帅帅看着杨美美笑,杨美美害羞地低着头]

牛爸爸：(推了推牛帅帅)说话呀!

牛帅帅：嗯。(清嗓子的声音)

杨妈妈：(推了推杨美美)说话呀!

杨美美：嗯。(清嗓子的声音)

牛爸爸：(着急地)这都怎么了?!

杨妈妈：(着急地)还是我来问吧。小伙子,你叫什么呀?

牛帅帅：(幽默地)我姓"哞……"(举起手,把手指当做牛角,模仿牛的叫声)姓牛。

牛爸爸：姑娘你呢？

杨美美：(害羞地)我姓杨。

牛爸爸：这个好，一对牛羊。

杨妈妈：都吃草。

牛帅帅：(笑着)嗯，我也觉得不错。

牛爸爸：(推了推牛帅帅)你跟人家姑娘说话啊。

杨妈妈：(推了推杨美美)你跟这小伙子说说话啊。

[牛帅帅和杨美美都不主动说话]

牛爸爸：还是我问吧。姑娘你平时有什么爱好啊？

杨美美：做饭。

杨妈妈：我教的，做得非常好吃。小伙子你呢？

牛帅帅：吃饭。

牛爸爸：不是，他是说锻炼！什么足球、篮球、乒乓球、羽毛球，他都行！特别是网球啊，打得相当好！都是我教的！

杨妈妈：是吗？您还会网球哪？不瞒您说，我特别想学网球，可是没人教我。

牛爸爸：我教你呀！我教了二十多年网球了。

杨妈妈：真的吗？那您有空教教我。

牛爸爸：没问题！我现在就有空。

杨妈妈：现在咱们没地方啊。(指着椅子)要不在这儿吧？

牛爸爸：行。

[牛爸爸拽起了牛帅帅，杨妈妈拽起了杨美美，他们坐到了椅

子上，牛帅帅、杨美美无奈地站到了他们的身边]

牛爸爸：(对牛帅帅)我们先谈谈网球，你们聊会儿别的吧。(对杨妈妈)这个基本动作啊，必须好好儿练，你得这样握球拍，双手握拍，转身，击球……(做打网球的动作)

杨妈妈：是吗？那您好好儿教教我。

牛帅帅：(生气地跺脚，大声地)哼！(牛爸爸吓了一跳，坐到了地上)本来是给我介绍女朋友的，他们倒谈得挺热乎！什么事儿啊！哼！

[牛帅帅和杨美美下，杨妈妈扶起牛爸爸]

牛爸爸：什么孩子！

杨妈妈：不管他们了，我们继续吧。

牛爸爸：网球，网球，得这么打。(比画击球的动作)

杨妈妈：(跟着学)这么打。您电话是多少？咱们一起去打打试试？

牛爸爸：(拿出手机)我跟你说啊，你记记。

杨妈妈：不好意思，我三年前离了婚。

牛爸爸：我前几年也离了！

杨妈妈：真的！太好了！你现在有时间吗？

牛爸爸：有！

杨妈妈：那我们一起去打网球吧。

牛爸爸：好吧，我们走！

[两人挽着手，高高兴兴地下]

第二幕

[在餐馆,一张餐桌,两把椅子]

小　鱼：(旁白)你看,本来是想给他们的儿子、女儿介绍对象,可没想到他们两个倒成了,真有意思。看来要想谈恋爱,首先得勇敢,不能害羞,然后还要有共同的兴趣爱好。不过,我给人介绍对象成功率也不是百分之百,下面这一对儿就没成。

[小鱼下]

张　伟：(张伟和王燕上场,张伟自豪地向观众介绍自己)我,什么优点都没有,就是有钱！你看咱这表！看咱这衣服！都是世界名牌,高档产品！我只有一个优点,就是大手大脚。

服务员：(站在舞台的旁边,热情地迎接客人)欢迎光临！先生您几位？

张　伟：(很神气地)两位,最好的桌子。

[张伟很客气地先让王燕坐,然后自己坐下,神气地跷起二郎腿]

张　伟：王小姐,你今天太漂亮了。我的心现在跳得很快,你知道为什么跳得这么厉害吗？

王　　燕：为什么？

张　　伟：因为你。

[张伟摘下他的戒指]

张　　伟：这个戒指我昨天买的，特别贵。你看看有几颗钻石？

王　　燕：(数了数)五颗。

张　　伟：宝贝儿，你数错了，七颗。如果你成为我的女朋友，我就送给你。王小姐，你平时晚上都爱吃什么呀？

王　　燕：我晚上吃得很少，一般就是吃些蔬菜，吃点儿米饭。

张　　伟：你这样下去可怎么行啊？我有钱，今天我请你吃好的！小姐，点菜！

服务员：好的。请问二位吃点儿什么？(把菜单递给张伟)

张　　伟：(笑笑)你先点。

王　　燕：还是你先来吧。

张　　伟：那好吧。(夸张地)小姐，你们这儿有俄罗斯的龙虾吗？最贵的那一种。

服务员：先生对不起，我们店没有那种龙虾。

张　　伟：那有意大利菜吗？

服务员：先生对不起，我们是中国饭馆儿，没有外国菜。

张　　伟：(生气地)你们店怎么什么都没有啊？真糟糕！那来盘

西红柿炒鸡蛋吧。(对王燕笑笑,把菜单递过去)你点吧。

王　燕：(接过菜单)糖醋里脊怎么样?

张　伟：(拿过菜单看了看价钱)(小声地)二十?糖醋里脊太甜了,吃了会发胖的,点别的吧。

王　燕：(接过菜单)那来个宫保鸡丁?

服务员：宫保鸡丁很好吃的,先生。

张　伟：(对服务员)你好像说得太多了。(拿过菜单看了看价钱)(小声地)二十五?太贵了!听说最近鸡肉里查出了有毒物质,不健康,点别的吧。

王　燕：(不耐烦地)那还是你点吧。

张　伟：那好啊。我看咱们吃个凉拌黄瓜吧,又健康又美容。再来两碗米饭!

王　燕：(无奈地)那好吧。

服务员：两位想喝点儿什么?

张　伟：你知道我不喝一般的酒,我只喝法国葡萄酒,意大利葡萄酒,(对服务员)你们这儿……

王　燕：(看男的又想吹牛,不耐烦地)算了算了,还是来白开水吧。

张　　伟：(冲王燕笑了笑)你真好,我也是这么想的。

服务员：您二位点了一个西红柿炒鸡蛋,一个凉拌黄瓜,两碗米饭。

[张伟数着手指头,嘴很快地动]

王　　燕：你怎么了?

张　　伟：(不小心说漏了)一共二十块!不错。

[王燕生气地站起走下舞台]

张　　伟：王小姐,菜还没上来呢,别走啊。

王　　燕：实在是有急事,我先走了。(走下舞台)

张　　伟：什么人啊!(对服务员喊)小姐,给我打包,再多给我拿两双筷子!

[边说边走下舞台]

第三幕

[舞台上一张桌子,两把椅子]

小　　鱼：(旁白)这个男人也太小气了。不过有时候恋爱谈不成也不只是因为男人,现在有的女孩儿也有问题。不信,大家请看下面这一对儿。

[方正和孙小梅一起走上舞台。方正为孙小梅把椅子拉开,让

[孙小梅先坐下,显得很有风度]

方　正：孙小姐,请问你想喝什么茶?

孙小梅：(不耐烦地)方先生,咱们直接说正事儿吧。我时间有限,没那么多工夫陪你喝茶。

方　正：(还是很客气地)好吧,你请讲。

孙小梅：你先回答我两个问题,我再和你谈别的。

方　正：好吧。

孙小梅：你有奥迪A6吗?

方　正：没有。

孙小梅：你有四室两厅的大房子吗?

方　正：(笑笑,摇摇头)没有。

孙小梅：什么都没有,你还和我谈什么谈哪!没钱也行,你又不帅又不幽默。(拿起包)不好意思,方先生,我对你没兴趣,我先走了。

方　正：孙小姐,请等一下。

孙小梅：(不耐烦地)还有什么事?好几个男人等着和我见面呢!

方　正：我是没有奥迪A6,可是我可以把我的BMW卖了,买两辆奥迪。

孙小梅：(吃惊地)啊？

方　正：我是没有四室两厅的大房子，可是我们家三层楼的小别墅肯定够你住的。

孙小梅：(又坐了下来，说话开始温柔甜美了)是吗？方先生，你好帅好幽默啊。

方　正：(站起身来)孙小姐，对不起，我有点儿事先走了。还有好几个女孩儿等着和我见面呢。(一边说一边往台下走)

孙小梅：(赶快追过去)方先生，等等我，她们肯定都没我漂亮！

[方正、孙小梅下]

第四幕

小　鱼：(旁白)这找对象也不能光看有钱没钱哪！钱并不是万能的。我今天还要给大家现场介绍一对儿，这一对儿难度太大了。大家给我鼓鼓掌(做鼓掌的样子)，我一定努力把他俩介绍成。(看看表)这都七点半了，他们怎么还没来？

张　苹：(像男孩儿一样大摇大摆地走上)小鱼，小鱼，我来了！

小　鱼：张苹，你老像个男孩似的可不行，你得温柔点儿。我先

话剧 相亲

考考你,你见到今天这位先生,打算怎么介绍自己?

张　苹：(粗声粗气地)先生,你好,我是张苹。你贵姓?(拱手)

小　鱼：不行,你得温柔点儿。我来教你,要这样：(温柔地)先生,你好,我是张苹。你贵姓?

张　苹：我练练。(温柔地,细声细气地)先生,你好,我是……这太别扭了!

小　鱼：我跟你说啊,你就得这样才行。这林先生可是一会儿就到了,你先到里面好好儿练练。

[张苹下]

林　明：(背着书包,像女孩儿一样扭扭捏捏地走上来)小鱼姐姐,小鱼姐姐,我来了!

小　鱼：你怎么才来呀!你看这都几点了?

林　明：(嘴里嘟囔着)不好意思嘛,只是迟到了一点点。

小　鱼：你得成熟点儿!像个男人!我考考你,你见到今天这位小姐,想怎么介绍自己?

林　明：(细声细气地)姐姐,你好,我是林明。姐姐贵姓?

小　鱼：不是姐姐是小姐!你这样说,(粗声粗气地)小姐,你好,我是林明。你贵姓?

林　明：(细声细气地)姐姐,哦,不,(声音稍微粗了点儿)小姐,你好……这也太别扭了。

小　鱼：你先练着点儿,我到后面去准备一下。

[小鱼下,张苹上]

[林明和张苹互相看到对方,林明害羞地扭过头去,又扭了回来,张苹走了过来]

张　苹:(粗声粗气地)先生,你好……哦,不,(换成温柔女人的语气)我是张苹,你贵姓?

林　明:(细声细气地)姐姐,不对,(换成成熟男人的语气)我叫林明,你好。

张　苹:(温柔的语气)请问你做什么工作?

林　明:(成熟的语气)我是一名服装设计师,小姐你呢?

张　苹:(本来的语气)我是练柔道的(做柔道的动作)。

林　明:(本来的语气)姐姐,你真厉害!你参加过什么比赛?

张　苹:我刚参加完奥运会回来,得了一枚金牌!先生你呢?

林　明:我刚从巴黎时装周回来,呵呵。

张　苹:先生,你别说,我听你现在的声音舒服多了。

林　明:我也喜欢姐姐现在的说话方式。

张　苹:先生,不瞒你说,如果你喜欢,我愿意做你的胖模特,你看怎么样?

林　明:太好了,那我能和姐姐一起练摔跤吗?

[张苹高兴地抱起了林明,这时小鱼上]

小　鱼:(很吃惊地)这是怎么了?谈不成也别打人哪!

林明、张苹:我们成啦!

张　苹:一见钟情!

林　明:相见恨晚!

小　鱼：真的？那太好了，今天我请客，想吃什么，我去买！

林　明：小鱼姐姐，不要太多，你就买一只烧鸡，两只烤鸭，三斤羊肉……

张　苹：五斤馒头！

小　鱼：这还不多啊！看来我今天真要破产了！

[三人一起下]

（剧终）

词语

1.	相亲	xiāng qīn	size up a prospective mate in an arranged meeting
2.	哞 （拟声）	mōu	(of a cow) moo; low; bellow
3.	拽 （动）	zhuài	pull
4.	无奈 （动）	wúnài	have no choice
5.	跺 （动）	duò	stamp
6.	神气 （形）	shénqì	cocky
7.	吹牛	chuī niú	talk big

8. 别墅	（名）	biéshù	villa
9. 别扭	（形）	bièniu	uncomfortable
10. 嘟囔	（动）	dūnang	mumble
11. 柔道	（名）	róudào	judo
12. 破产		pò chǎn	bankrupt

1. **糖醋里脊**：山东名菜之一。把里脊切成条，挂上面糊炸熟，再浇上糖醋汁即可。外脆里嫩，香甜可口。
2. **宫保鸡丁**：中国名菜之一。由鸡丁、干辣椒、花生米等炒制而成。味道鲜辣、鸡肉鲜嫩、花生香脆，广受大众欢迎。
3. **一见钟情**：一见面就产生了爱情。
4. **相见恨晚**：只恨互相见面太晚，形容一见如故。

1. 你这样下去可怎么行啊?

　　意思是你一直这样做是不行的。"这样下去……"多表示提醒某人如果听任某种情况继续存在,会导致不良或危险的后果。比如:

(1) 你每天都不吃早饭,老这么下去会得胃病的。
(2) 你每天只睡三四个小时,这样下去可不行啊。
(3) 在这里住不能看电视也不能上网,再这样下去我会闷死的。

2. 谈什么谈

　　意思是别谈了。"V+什么+V"表示"不要+V+了"。

(1) 你看什么看!没见过漂亮女生啊!
(2) 严肃点儿,笑什么笑!
(3) 不就是丢了个钱包吗?没什么大不了的,哭什么哭!

> 分享、谦让，
> 是中国人的传统美德。
> 孔融让梨的故事流传至今，
> 故事是这样的……

适合初级水平汉语学习者演出

人物说明

孔融：男孩，七八岁，孔子的二十世孙，聪慧谦让。
孔父：男，四十多岁，孔子十九世孙，孔融的父亲，书呆子。
孔母：女，四十多岁，孔融的母亲，勤劳慈爱。
大哥：孔融的大哥，争强好胜。
二哥：孔融的二哥，机灵。
三哥：孔融的三哥，憨厚。
四哥：孔融的四哥，狡猾。

五哥：孔融的五哥，乖巧。

小弟：孔融的弟弟，天真可爱。

说明：孔融的哥哥和弟弟可以按表演者的身高从高到低顺序排列。

道 具

1. 《论语》一本
2. 桌子一张
3. 椅子两把
4. 竹篮一个
5. 梨九个，大小不一
6. 服装：中国古代书生服装一套，汉族女装一套，汉族童装七套

[孔融家，摆放一张桌子，两边有两把椅子。孔父戴着眼镜，坐在桌子左边专心地看《论语》，孔母在右侧前方洗梨]

孔　母：这天气怎么说冷就冷起来了？

[孔父抬头看孔母，不耐烦地大声咳嗽，暗示不要打扰他看书]

老爷，跟你说话呢，别看书了！你都三天没说一句话了！整天看书有什么用！

孔　父：哎，你这个人懂什么啊？这是什么书？这是我爷爷的爷爷的爷爷的爷爷的书，现在世界各地都有他的书。

(对观众)什么？你问我的爷爷的爷爷的爷爷的爷爷的爷爷是谁？嗨，地球人都知道啊！——孔子！孔夫子呀！

孔　母：你天天看书，懂得多吧？可是你怎么不知道计划生育呢？你看咱们家现在都已经七个孩子了。

孔　父：七个孩子多吗？(对着台下观众说)当然跟你们比，我的孩子是多了一点点。不过在我们那个时代一家有七八个孩子是很正常的事。我说夫人，你不要受他们的影响(指观众)，我们生得越——多——越——好。

孔　母：孩子多有什么好？吃得多，花得多。你看，买梨都要买便宜的。(端梨放到桌子上)

孔　父：(瞪大眼睛看盆里的梨)你这是从哪里买来的梨？大的大，小的小，像咱们孩子一样！

孔　母：老爷，我也喜欢大的呀。可是大的喜欢我们吗？那些大的好看的都去了有钱人家里，这样的才到咱们家来！

孔　父：(明白了，点点头)是啊，如果这些钱买一个梨，我们就可以买又大又好吃又好看的梨了。看来，一家只有一个

孩子还是有好处的。孩子们呢？他们去哪里了？怎么还不来吃梨呢？

孔　母：他们怕打扰你看书，都在后边写作业呢。孩子们，快来呀，爸爸叫你们吃梨啦！

[大哥、二哥、三哥、四哥、五哥、小弟一起上场，小弟在最前边，边走边大声喊："吃梨啦！吃梨啦！"]

孔　母：看孩子们高兴的！

孔　父：(迷惑地)这是来了几个孩子？几天没注意，这几个孩子都快认不出来了！

孔　母：来，你们站好了，让爸爸看看。

[兄弟几个按高矮个儿站好]

大　哥：(离开队伍，站在前边，面向弟弟们，整队)稍息，立正，向右看齐，向前看！报数！

[依次报数：一、二、三、四、五、(停顿)七]

孔　父：少一个，怎么老六没来？孔融呢？

弟兄们：(抬头示意)来了！

[孔融手中拿着一本书,边走边读,不紧不慢上场]

孔　父：你们看孔融!(不满地)再看看你们!一说吃梨跑得比兔子还快!一做作业比乌龟还慢。

孔　母：别说了,还是让孩子们吃梨吧!

孩子们：(一起看梨,一起说)今天的梨怎么这样?

孔　父：梨大的大,小的小,这怎么吃呢?(对老大说)你是大哥,你先说。

大　哥：我是大哥,我最大,应该吃最大的。

孔　母：(不满意地)年纪小就该吃小的吗?

二　哥：对呀,人大肚子大,吃东西多,应该吃大梨。人小肚子小,吃东西少,应该吃小梨。(对着台下观众)对吧?

孔　父：(问三哥)你觉得呢?

三　哥：哥哥们说得对,弟弟太小,大梨太大他们吃不完就浪费了。

孔　母：可他们是你的弟弟,你应该关心他们啊。

四　哥：妈妈,我们这才是关心弟弟呢,梨吃多了会拉肚子的。

五　哥：拉肚子那就麻烦了,还得给他们买药。药可比水果还贵呢。我的肚子很好,从来不拉肚子,可以一次吃俩。

小　弟：(非常着急)你干什么要吃我的梨,我拉肚子也要吃!我要吃大的。大的好吃,小的不好吃。再说,刚才我是第一个来的,我应该吃最大的。妈妈你说是吗?

孔　母：哎,真麻烦!

孔　父：都别说了,孔融,你先拿吧。

[孔融拿起最小的梨]

孔　父：盘子里这么多梨,又让你先拿,你为什么不拿大的,却拿最小的呢?

孔　融：我年纪小,应该拿最小的,大的留给哥哥吃。

孔　父：你弟弟不是比你还要小吗?照你这么说,最小的是弟弟的。

孔　融：我比弟弟大,得照顾他,所以把大的留给弟弟。

孔　父：(大笑,拍着孔融肩膀)好孩子,你真是一个好孩子,从小就懂得谦让,以后一定会很有出息。(拿起最大的梨)我看今天这个大梨应该给孔融吃。

[孔融双手推让,其他孩子一拥而上,七嘴八舌:"我要吃大的!""你是我的亲爸爸吗?""别太偏心了。"……梨被一抢而空]

(剧终)

学习向导

词语

1. 打扰　　（动）　　dǎrǎo　　disturb
2. 影响　　（动）　　yǐngxiǎng　be affected by
3. 怕　　　（动）　　pà　　　　be afraid
4. 注意　　（动）　　zhùyì　　 pay attention to
5. 让　　　（动、介）ràng　　　let; used in the passive voice to introduce the agent
6. 浪费　　（动）　　làngfèi　　waste
7. 麻烦　　（形）　　máfan　　 trouble
8. 谦让　　（动）　　qiānràng　comity
9. 出息　　（名）　　chūxi　　 promising

说冷就冷

"说……就……(了)"表示某种动作或情况发生或出现得很快。比如：

(1) 这天怎么说下雨就下雨。

(2) 他们说走就走了，也不跟我们说一声。

(3) 离婚可不是件小事儿，怎么能说离就离呢！

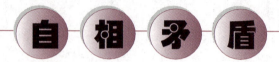

自相矛盾

> 左手拿着矛,
> 右手拿着盾,
> 矛厉害,
> 还是盾厉害?

适合初中级汉语水平学习者演出

人物说明

张　飞：中年男子,卖矛和盾,头脑简单,傻里傻气。
周　渔：中年男子,精明灵活。
围观者：五人,扮集市上来来往往的人。

道 具

1. 一支矛、一个盾
2. 一把纸扇
3. 服装：中国古代男装两套、围观者服装五套

[集市上人来人往,非常热闹]

张　飞：(对着周围的人和台下的观众,举起手中的矛)你们知道这是什么吗？这是矛！(摆出用矛刺杀的动作)可以杀人！(又举起手中的盾)这是什么,知道吗？这是盾！可以保护自己！(摆出用盾防矛护身的动作)快来看快来买呀！走过路过,千万不要错过啊！买矛买盾喽！

[一些人陆续围了上去,他拿起他的矛比画了两下]

我的矛是最厉害的,没有它刺不破的东西！快来看,快来买啊！买矛买盾喽！

[周渔手中摇着一把扇子走过来]

再来看看我的盾,这是世界上最结实的盾,任何厉害的东西都刺不破它。

周　渔：噢,我来看看你的盾。

[张飞把盾给了周渔,张飞握起拳头捶了两下]

嗯,是很结实,确实不错。好,我再看看你的矛。

[张飞把他的矛递给周渔,周渔仔细地看着]

是好矛,很厉害,很厉害啊!

[周渔把矛还给张飞,好像在思考问题,表现出疑惑的表情]

张　　飞:这位先生,你要买矛还是买盾啊?

周　　渔:你这矛是最厉害的,什么东西都能刺破?

张　　飞:(很得意的样子)那当然!

周　　渔:你的盾是最结实的,什么东西都刺不破?

张　　飞:(很骄傲的样子)那还用说!

周　　渔:(左手拿矛,右手拿盾,用矛刺盾)那么,用你的矛刺你的盾,会怎么样呢?

围观者:(恍然大悟地齐声说)对呀,那会怎么样呢?

[张飞看看矛,又看看盾,左右为难,不知道该说什么好]

张　　飞:这,这……我不卖了还不行嘛!

[张飞很不好意思地收拾东西,灰溜溜地走了]

围观者:(哈哈大笑着)这就是自相矛盾啊!

(剧终)

话剧 自相矛盾
ZI XIANG MAO DUN

词 语

1. 矛　　（名）　　máo　　　lanc
2. 杀　　（动）　　shā　　　kill
3. 盾　　（名）　　dùn　　　shield
4. 保护　（动）　　bǎohù　　protect
5. 刺　　（动）　　cì　　　　thrust
6. 破　　（形）　　pò　　　　broken
7. 结实　（形）　　jiēshi　　solid

自相矛盾：比喻自己说话做事前后互相抵触。

1. 什么东西都能刺破/什么东西都刺不破

"什么……都/也……"表示"全部都……",没有例外。比如:

(1) 我刚来中国,什么人也不认识。

(2) 我喜欢旅游,什么地方都想去。

2. 那还用说

表示不用说,有"当然"义。比如:

(1) 甲:你去北京旅行的时候,参观鸟巢了吗?

乙:那还用说,鸟巢那么有名,当然要去了!

(2) 甲:你在这儿住了那么长时间,对附近的饭馆儿应该很了解吧?

乙:那还用说!我对每家饭店都了如指掌!

此地无银三百两

这是一个由汉语成语"此地无银三百两"改编的故事。
在很久很久以前,有两对夫妻,他们是邻居,
这两对夫妻都认为自己非常聪明,
有一天……

适合中级水平汉语学习者演出

人物说明

张　三：中国古代农民,青年男子,自认为很聪明。
张夫人：张三的老婆,青年女子。
王　二：中国古代农民,张三的邻居,青年男子,自认为很聪明。
王夫人：王二的老婆,青年女子。

道具

1. 银袋子(包着东西的小布袋)一个
2. 比较破的方桌一张,椅子两把
3. 写着"此地无银三百两"的牌子一块
4. 写着"邻居王二没有偷"的牌子一块
5. 比较茂盛的绿色植物若干
6. 比较矮小的绿色植物若干
7. 泥土若干
8. 服装:中国古代简朴的农夫服装四套,男装两套,女装两套(可以灵活安排)

第一幕

话外音:这是一个很久很久以前发生的故事,故事的名字叫"此地无银三百两"。"此地",就是"这个地方";"银"是中国古代的钱,"无银"就是"没有钱";"三百两"的"两"是古代银子的量词。三百两是很多很多的钱,既然说"无银",为什么又有"三百

话剧 此地无银三百两

两"呢？请看……

[在张三家里，摆着一张比较破的方桌和两把椅子]

[张三大摇大摆地走进来]

张　三：大家好，我叫张三。有人说，我的名字很奇怪，这有什么奇怪的？因为我有一个邻居叫王二，你们想啊，是"二"大呢？还是"三"大？当然是"三"大了，所以我就叫张三了。哎呀，我饿了！(对内)老婆，饭做好了吗？我饿死了，饿死了！

张夫人：(大喊)来了！(对观众，生气地说)我的老公啊，什么都不会，就是会吃。唉，真没办法。

张　三：老婆，你好像不高兴啊？是谁让你不高兴了？告诉我！谁啊？谁啊？

[东找西找]

张夫人：别找啦，就是你让我不高兴的！

张　三：我？我每天都听你的话，你让我吃饭，我不敢喝水，你让我去东边，我不敢去西边，我那么爱你，怎么会让你不高兴呢？

张夫人：你想想啊，咱们家一直很穷，现在突然捡了三百两银子，到底放在哪儿才好啊，我想来想去，也找不到一个安全的地方。

张　三：原来是为了这件事儿啊。老婆，才三百两银子你就发愁啊，将来我们要是有了三千两，那可怎么办啊？

张夫人：哎呀，不要开玩笑了，咱们这辈子也不会有三千两的，你快想想这三百两怎么办吧。

张　三：这还不好办吗？放到柜子里。那儿安全！

张夫人：咱们家的老鼠多(模仿老鼠的样子和叫声)，放在柜子里被老鼠咬坏了怎么办？

张　三：那就放在床下边。

张夫人：床下面没有锁，如果有人到咱们家偷东西，那不就被偷走了吗？

张　三：对啊，以前咱们家没有钱，从来没想过这样的问题呢！好了，好了，你别不高兴，我来想个好办法。(皱着眉头想了想)有了，放到咱们家的地里，埋起来，谁也不知道。

张夫人：哎！对呀，埋起来，谁也看不见，这真是个好办法，我们快去埋吧。

[高高兴兴、急急忙忙地跑下去]

话外音：大家看明白了吗？他们这个贫穷的家里突然有了三百两银子，本是一件高兴的事，可是却苦于找不到放银子的地方。张三说要埋起来，这是个好办法吗？

第二幕

[张三和老婆抱着一包银子站在自己家的田里，他们家的庄稼又小又矮，可是邻居王二家的庄稼长得很茂盛]

话剧 此地无银三百两
CI DI WU YIN SAN BAI LIANG

张　三：大家看看,这是我们家的地,那是我邻居王二家的地,他们的地里种的是玉米,我们的地里种的也是玉米,为什么他们的玉米长得好,我们的玉米长得不好呢?(着急地)这是为什么啊?

张夫人：这还用问吗?他们每天都到地里来干活,你呢?半个月没来了。

张　三：那……我不是赚钱了吗?他们家有三百两银子吗?

张夫人：(看看左右)小声点儿,别让别人听见了。

张　三：(看看左右)现在没有人,咱们快埋银子吧。

［两个人挖地、埋银子］

张夫人：老公,银子埋好了,咱们回家吧。

张　三：等等,银子放在这儿,咱们回家以后,要是被人偷走了怎么办?

张夫人：是啊,可是……咱们也不能在这儿睡觉啊!

张　三：有了,我想了一个好办法。

张夫人：(急切地)快说,什么好办法?

张　三：你快回家拿一个牌子。

张夫人：(奇怪地)拿牌子干什么?

张　三：牌子上要写几个大字。

张夫人：还要写字?写什么字啊?

张　　三：你就写上"此地无银三百两"。

张夫人：写这几个字干什么啊？

张　　三：现在不要问，一会儿你就明白了，快去吧。

张夫人：好吧。

[张夫人跑下去，张三继续埋银子]

[一会儿，张夫人拿一块写着"此地无银三百两"的牌子跑上来]

张　　三：(对老婆)快给我。(接过牌子，把牌子立在埋银子的地方，然后对老婆)老婆，现在你明白了吧，我们把牌子放在这儿，过路人看见这个牌子，就知道这儿没有银子了。这个办法怎么样？(得意地)哈哈！

张夫人：老公，你真聪明。

张　　三：其实我一直很聪明，可惜你没发现。老婆，我又饿了。

张夫人：好，好，我马上回家做饭，我们走吧。

[高高兴兴地下去]

话外音：张三夫妻俩放心地回家了，把银子埋在地里，他们以为谁都不会知道，是这样吗？

第三幕

[王二和老婆在地里干活，王二直起腰来对观众说]

王　　二：大家好，我叫王二，我的邻居叫张三。张三说"三"比"二"大，"三"真的比"二"大吗？我哥哥叫王一，我叫王

话剧 此地无银三百两

二,我弟弟叫王三,如果"三"比"二"大,我弟弟怎么会叫王三呢?哈哈……

[来回走的时候看到了"此地无银三百两"的牌子,慢慢地大声读]

王 二:"此地无银三百两",这是什么意思?这不是张三家的地吗?张三是个有名的懒虫,整天抽烟喝酒,他为什么放这样的牌子?(再读)此地无银三百两。三百两?他们家?(竖起三个手指)恐怕三两银子都没有!(想走,但又想了想)不对啊!他是不是突然发横财了?我看看这下面有什么。(挖出银子来)真的是银子!?哈哈。张三啊张三,你的银子不放在家里,给我送来了。(对后面)老婆老婆,快来啊。

[王二的老婆直起身子,很累的样子,走过来]

王夫人:什么事儿啊?

王 二:老婆,你看这是什么?

王夫人:(非常吃惊地瞪大了眼睛)银子?这么多银子!哪儿来的?

王 二:(得意地)哪儿来的?捡来的!

王夫人:捡来的?我不相信,你哪有这么好的运气啊?

王 二:你看这里。(指牌子)

王夫人:(念)此地无银三百两。这不是张三家的地吗?是他家的银子?

王 二:谁说是他家的银子?现在我拿着,就是我的。走,今天

不干活了,回家休息。

王夫人:(紧张地)可是,张三知道了怎么办?

王 二:他又没看见,怎么可能知道呢?

王夫人:(指着两家的地)可是我们家的地跟他们家的地连在一起,他丢了银子,一定先怀疑我们的。

王 二:对啊!如果他怀疑我们怎么办?

王夫人:我们也写一块牌子,就说不是我们拿走的。

王 二:聪明!我的老婆真聪明,简直就是个天才。(对观众)看到了吗?是我的老婆聪明还是张三的老婆聪明?

王夫人:你快回家写牌子吧!

王 二:写什么呢?

王夫人:(想想)就写——"邻居王二没有偷"吧!

王 二:(拍着手跳起来)好主意!

[王二匆匆忙忙跑下去]

[王夫人抱着银袋子高兴地走来走去]

[王二拿一块写着"邻居王二没有偷"的牌子跑上来]

(大声喊)老婆,牌子来了。

王夫人:来,快把它放到这儿。

[王二和老婆把牌子放在埋银子的地方]

王 二:(非常满意地说)现在我们可以放心地回家休息了。

王夫人:(抱着银子)老公,我们有了这么多钱,咱们去城里的饭馆儿吃饭吧。

话剧 此地无银三百两
CI DI WU YIN SAN BAI LIANG

王 二：好！今天我们去最大的饭店,想吃什么就吃什么！

王二、王夫人：(非常高兴的样子,大声对观众喊)哈哈,我们有钱了！

[高高兴兴地跑下去]

(剧终)

学习向导

词语

1. 银子	（名）	yínzi	silver
2. 大摇大摆		dà yáo dà bǎi	swagger
3. 发愁		fā chóu	worry
4. 老鼠	（名）	lǎoshǔ	mouse
5. 皱	（动）	zhòu	crinkle
6. 眉头	（名）	méitóu	eyebrown
7. 埋	（动）	mái	bury
8. 庄稼	（名）	zhuāngjia	plant
9. 茂盛	（形）	màoshèng	floursh
10. 玉米	（名）	yùmǐ	corn

11. 干活		gàn huó	work
12. 运气	(名)	yùnqi	luck
13. 怀疑	(动)	huáiyí	suspicion
14. 天才	(名)	tiāncái	giant

1. **此地无银三百两**：汉语成语，源于中国古代民间故事。比喻本想掩盖事实，结果却暴露了真相。

2. **发横财**：意外得到很多钱财，多指用不正当的手段得来的。

1. 什么都不会

"什么都(不/没)……"表示强调事情多或者少。比如：

(1) 甲：我想去四川旅游，可不知道该选哪条线路。

　　乙：问问马克吧，他是个中国通，什么都知道。

(2) 甲：昨天逛街买什么了？

　　乙：别提了，逛了一上午，什么都没买到。

2. 东找西找

"东……西……"表示同样一件事做了很多遍,形容次数多。比如:

(1) 买房子要很多钱,可我刚工作,东借西借,才借了五万块。

(2) 那个小偷在人群里东看西看,寻找下手的机会。

中国古代流传着一个美丽的爱情故事：
英俊书生才高八斗，
大家闺秀女扮男装，
同窗三年，
结下了深厚的感情。
可是，这份感情，
只能化做一双蝴蝶翩翩飞舞……

适合高级水平汉语学习者演出

人物说明

梁山伯：男主角，古代书生，很帅的年轻人。
祝英台：女主角，古代女子，年轻美丽。
祝老爷：祝英台的父亲，一位老员外，保守固执。

话剧 梁山伯与祝英台

祝夫人：祝英台的母亲，慈爱的老妇人。
梁　父：梁山伯的父亲，农民打扮。
梁　母：梁山伯的母亲，农妇打扮。
陈婆婆：五十多岁的女人，媒婆。
老先生：学堂的老师，白胡子老人，严肃古板。
王小生：男，十七八岁，梁山伯、祝英台的同学，比较调皮。
李大友：男，十七八岁，梁山伯、祝英台的同学，比较调皮。
大　夫：五十多岁的男子，大夫打扮。
春　香：祝英台的丫鬟，活泼可爱。
王　二：祝家的男仆，二十多岁。

道具

1. 中国古代方桌一张
2. 古代椅子三把
3. 古代方凳一个
4. 书桌椅四套
5. 简陋的桌子一张
6. 破旧的床一张
7. 大红灯笼两个
8. 书本若干
9. 包裹一个
10. 雨伞一把

11. 礼物四包
12. 囍字一张
13. 写有"梁山伯之墓"的墓碑一块
14. 蝴蝶两只
15. 服装：中国古代书生服装四套、中国古代年轻小姐服装一套、中国古代老员外服装一套、中国古代富家夫人服装一套、中国古代丫鬟服装一套、中国古代男仆服装两套、中国古代老先生服装一套、中国古代老妇人服装一套、中国古代老人服装两套

第一幕　女儿读书

[祝英台的家里,中国古代方桌一张,古代椅子两把,古代方凳一个,祝英台的父母坐在椅子上,祝英台一身古代小姐打扮坐在方凳上,旁边站着丫鬟春香]

祝老爷：英台,我听你娘说,你想出去读书。

祝英台：爹,女儿从小就喜欢读书,您和娘都知道啊。

祝夫人：现在哪有女孩子出去读书的？想读书在家也可以啊,爹给你请最好的老师！

祝英台：可我就想去学校。

祝夫人：老爷,英台是个听话的孩子,很少向我们提要求,我们就答应了吧。

祝老爷：(很生气,瞪着祝夫人)女孩子怎么能去学校呢？

祝英台：那我就当学校里的第一个女学生。

话剧 梁山伯与祝英台
LIANG SHAN BO YU ZHU YING TAI

春　　香：太好了,小姐要当学校里的第一个女学生啦!

祝夫人：孩子,你想当第一个女学生,学校也不愿意啊。

祝老爷：学校是绝对不会要女学生的!

祝英台：(认真地想了想)有了,我女扮男装,老师就不会知道我是女孩子了。

祝老爷：女的就是女的,穿上男人的衣服也是女的。

祝英台：爹爹,放心吧,别人不会看出来的。爹娘,你们等等啊!

[匆匆忙忙地跑到里面去]

祝夫人：这孩子又想出什么主意?

[祝英台一身书生打扮,手中拿着一把扇子,慢慢地走出来,其他人大吃一惊,全都站了起来]

祝英台：爹娘,怎么样,能看出我是女孩子吗?

祝夫人：(微笑着摇摇头)还真看不出来。

祝英台：(调皮地摇着爹娘的胳膊)那就让我去学校吧,这是我最大的愿望。

祝夫人：(看着祝老爷,商量的语气)老爷,我们就让英台去吧。

祝老爷：(深深地叹了一口气)哎,好吧,一定不能让任何人知道你是女的啊。

祝夫人：你一个人出门,娘还是很担心。

祝英台：爹娘,放心吧,我一定会照顾好自己的。谢谢爹娘,太好了,太好了,我终于可以去学校读书了!

春　　香：(拍着手高兴地跳起来)太好了,太好了,我们小姐能去学校读书了。

第二幕　同学三年

　　[教室里,几个学生在摇头晃脑地读书,祝英台和梁山伯很亲密地坐在一起,白胡子老先生拿着一本书走来走去]

老先生：背得怎么样了？梁山伯,你背一下！

梁山伯：(立刻站起来)关关雎鸠,在河之洲。窈窕淑女,君子……

　　[怎么也想不起来了]

祝英台：(低着头,小声说)君子好逑。

梁山伯：窈窕淑女,君子好逑。

　　[所有的学生都笑起来]

老先生：梁山伯,你不用背了！(梁山伯很高兴的样子)今天放学以后,你把这首诗写50遍,然后去厨房做饭。

　　[所有的学生都笑起来]

梁山伯：(瞪大了眼睛)啊?！(马上低下头)是,先生。

老先生：祝英台,你来背吧。

祝英台：(立刻站起来,很流利很陶醉地)关关雎鸠,在河之洲。窈窕淑女,君子好逑。参差荇菜,左右流之。窈窕淑女,寤寐求之。

王小生：(小声地)祝英台的声音像是个女人。

李大友：(声音略大)我觉得她就是个女

人,说话走路都像女人,长得也像。

[全班哄堂大笑,祝英台的脸红了起来]

老先生: 英台背得不错,李大友,你接着背。

李大友: (很调皮的样子,粗声粗气地)先生,我也去厨房做饭吧。

老先生: 好,你把这首诗写100遍,然后去厨房做饭。

[所有的学生都笑起来]

现在大家一起来背一遍。

众学生: (摇头晃脑大声背诵)关关雎鸠,在河之洲。窈窕淑女,君子好逑。参差荇菜,左右流之。窈窕淑女,寤寐求之。

老先生: 背得不错。今天我们就学到这儿,下课休息!

[老师和同学都离开了教室,只有梁山伯和祝英台留下来了,梁山伯在写作业,祝英台在他旁边看书]

梁山伯: 英台,你回房间休息吧,不用陪我了。

祝英台: 梁兄,我知道你是因为昨晚生病所以没有背下来,明天一定没问题。

梁山伯: 你放心吧,明天一定能背下来。你快回去休息吧,你的身体一直不太好。

祝英台: (深情地看着梁山伯)不,我要陪着你,我身体不好,心情不好的时候,你都陪着我,帮助我,现在我也要陪着你!

梁山伯: 好吧,谁让咱们是最好的朋友,最好的兄弟呢!(拍拍祝英台的肩膀)

[祝英台深情地看着梁山伯不停地点头]

第三幕　依依相送

[祝英台要离开学校了,梁山伯帮她拿着包裹,依依相送]

梁山伯：英台,我真舍不得你走。

祝英台：梁兄,我也舍不得你啊,可是父母非常想我,非让我回去不可。

梁山伯：你还会回来吗？我们可是不能分开的好兄弟,好朋友啊。

祝英台：我们每天在一起,就像是一对相爱的夫妻。
[深情地看着梁山伯]

梁山伯：夫妻也不如我们的关系好啊,夫妻还会吵架呢,我们从来没闹过别扭。

祝英台：梁兄对我那么好,我怎么能跟梁兄闹别扭呢？

梁山伯：(拍拍英台的肩膀)英台,你永远都是我最好的朋友。

祝英台：我想天天和你在一起,永远不分离,就像夫妻一样。

梁山伯：(皱了皱眉头)这有点儿难,以后我们都要结婚,都要有老婆,都要有孩子,不可能天天在一起,除非……

祝英台：(惊喜地)除非什么？

梁山伯：除非以后我们两家人在一起住,可是我们愿意,不知道我们的老婆愿不愿意啊。
[祝英台听他一说,露出失望的神色]

祝英台：那我们做夫妻好吗？

话剧 梁山伯与祝英台
LIANG SHAN BO YU ZHU YING TAI

梁山伯： 哈哈哈哈，英台，你真会开玩笑，两个大男人怎么能做夫妻呢？(对台下)你们听说过两个男人结婚吗？

祝英台： 不是开玩笑，我是认真的，如果我变成女的呢？你愿意和我做夫妻吗？

梁山伯： (停止笑，也认真起来)如果英台变成一个女人，我一定和你结婚。

祝英台： 梁兄，你先在这儿等一等。

[拿着包裹下去]

[一会儿，祝英台穿着一身女装，披着一头长发走出来]

[梁山伯完全惊呆了]

(羞涩地)梁兄！

梁山伯： (好象刚从梦中醒来)啊，英台，太像女人了，最美丽的女人。我，我……

祝英台： 梁兄，我不是像女人，我本来就是女人啊！

梁山伯： (还是有点儿不相信)怎么可能呢？

祝英台： (拉过梁山伯的手放在自己的心口)梁兄，看着我的眼睛，听听我的心跳。

[两个人深情注视，梁山伯右手放在祝英台的心口，左手放在祝英台的肩膀上，慢慢地，情不自禁地把英台轻轻搂在怀里]

梁山伯： 原来你真是个女孩子啊！

祝英台： 现在你相信了吧。

[梁山伯忽然松开祝英台，双手合十，抬头看着天]

梁山伯： (激动地)啊，我的天啊，我会爱英台一辈子，永远永远。

祝英台：现在，你愿意和我结婚吗？

梁山伯：(激动地)当然愿意！

祝英台：结婚是大事儿，一定得告诉父母啊。

梁山伯：那当然，那当然。明年我的学习就结束了，然后我马上去你家，行不行？

祝英台：太好了，我在家等你，你一定要去啊。

梁山伯：一言为定！

祝英台：梁兄，天已经晚了，我要赶快走了，明年见吧。

[两个人手拉手再次紧紧拥抱，分开时，都留下了热泪，然后依依不舍挥手道别]

第四幕　婚姻大事

[祝英台的家里，中国古代方桌一张，古代椅子三把，古代方凳一个，祝英台的父亲、母亲和陈婆婆坐在椅子上，陈婆婆五十多岁，头上戴着一朵花，祝英台一身古代小姐打扮坐在方凳上，旁边站着一个丫鬟]

陈婆婆：祝老爷、祝夫人，恭喜你们啊！

祝老爷：(很奇怪地)恭喜我们什么啊？

陈婆婆：(笑嘻嘻地看着祝英台)小姐今年多大了？

祝夫人：16岁。

陈婆婆：有对象了吗？

祝夫人：还没有呢！

话剧 梁山伯与祝英台
LIANG SHAN BO YU ZHU YING TAI

陈婆婆：哦，太好了！太守家的儿子喜欢上了你们英台,他们俩可真是门当户对、郎才女貌,天生的一对啊！

[英台非常紧张地看着陈婆婆,想要说话]

祝英台：我……我……

陈婆婆：英台小姐,不用害羞,女孩子大了,都是要结婚的。

祝夫人：陈婆婆说得对,你已经16岁了。虽然爹娘就你这一个女儿,可你也要结婚啊！

陈婆婆：祝老爷、祝夫人,怎么样啊？

祝老爷：太守家是很不错,他的小儿子也很有前途。夫人觉得怎么样？

祝夫人：我也觉得不错。

[祝英台很着急的样子]

祝英台：爹,娘！

祝夫人：婚姻大事,爹和娘做主,你不用管！

[祝英台很难过的样子]

祝老爷：陈婆婆,我们都很满意。

陈婆婆：太好了！(站起来)那我现在就去太守家,太守夫人还等着我回话呢。祝老爷、祝夫人,我就不多打扰了,我先

走了。

祝老爷、祝夫人：(站起来)谢谢陈婆婆，您慢走。

[陈婆婆下台]

祝英台：(站起来,走到父母跟前)爹娘，我不愿意。

祝老爷：(很吃惊)你说什么？

祝英台：(大声地)我不愿意！我已经有了喜欢的人了！

祝老爷：(非常震惊)什么！？

祝夫人：孩子，你天天在家里，怎么会有喜欢的人呢？

祝英台：我女扮男装去学校读书的时候认识的,他叫梁山伯，对我非常好，我们互相喜欢。

祝老爷：(生气地指着祝英台)你！你！你！

祝夫人：他的家庭怎么样啊？

祝英台：他们家虽然没有钱，也不是当官儿的，可是他读书非常用功，以后一定很有前途。

祝老爷：(非常坚定的语气)不行，结婚要门当户对，我们家和梁家门不当，户不对，太守家和咱们家才门当户对呢！
(生气地走了)

祝英台：(哭着对祝夫人说)娘，您就答应我吧。除了梁山伯，我谁也不嫁！

祝夫人：孩子，你不能这么任性。

祝英台：(跪在祝夫人的面前)娘，我求求您了！

祝夫人：(双手扶着英台)孩子，这事儿太大了，娘不能答应你啊。

话剧 梁山伯与祝英台
LIANG SHAN BO YU ZHU YING TAI

快起来吧。

祝英台：娘不答应，我就不起来！

祝夫人：那娘也不能答应你啊！哎！(伤心地离开)

春　香：小姐，快起来吧，您的身体本来就不好！

[春香把伤心绝望的祝英台扶到凳子上坐下，祝英台不停地哭]

[仆人王二慌慌张张地跑进来]

王二，你怎么进来了？

王　二：(低着头对祝英台说话)小姐，门外有个公子要见您。

祝英台：哪个公子？

王　二：我不认识，他说他姓梁。您见还是不见？

[祝英台猛地站起来]

祝英台：见！赶快请他进来。春香，你和王二一起去请梁公子。

[王二和春香匆匆忙忙地下去]

[祝英台慌张地整理自己的衣服和头发]

[王二和春香带着梁山伯上，梁山伯手中拿着一把雨伞和四包礼物，虽然很累，但是非常激动的样子，春香接过梁山伯手中的东西，全都放在桌子上]

梁山伯：英台！

祝英台：梁兄！

[哭着扑到梁山伯的怀里]

[春香和王二下]

梁山伯：别哭了，别哭了，我们又见面了，永远都不分开了！

[祝英台哭得更伤心了]

[梁山伯轻轻地拍着祝英台]

英台,伯父伯母大人呢,你赶快带我去见他们吧!

祝英台:梁兄,我,我……

梁山伯:(觉得有点儿奇怪)英台,你怎么了?

祝英台:(对里边喊)春香!

[春香很快地跑出来]

春　香:小姐,您叫我啊?

祝英台:春香,去告诉老爷夫人,就说梁公子来拜见他们了。

春　香:是,小姐。

[春香匆忙下去,梁山伯与祝英台互相注视着,一小会儿,春香又回来了]

(很害怕很紧张的样子)小姐……

祝英台:老爷夫人呢?

春　香:(声音很小)老爷夫人说不想见梁公子,他们让我告诉梁公子,请梁公子回去吧,我们家小姐马上要结婚了!

梁山伯:(吃惊)什么?什么?(摇着英台的肩膀)英台,这到底是怎么回事啊?

[祝英台伤心地趴到桌子上大哭]

(转身对春香)小姑娘,你告诉我到底是怎么回事。

春　香:(害怕的样子,小声说)我们家老爷夫人要把小姐嫁给太守的儿子,他们马上要结婚了。

梁山伯:这到底是为什么啊?(把英台扶起来,看着英台的眼睛)这

是真的吗？

祝英台：(不停地流眼泪,非常悲痛)梁兄,对不起,对不起,父母非要我和别人结婚,我怎么办啊？

梁山伯：(非常悲痛愤怒,仰头看天)我的天啊,这是为什么？这到底是为什么？为什么相爱的人不能在一起？

祝英台：梁兄,怎么办,你说怎么办啊？

梁山伯：(非常坚定地)不能跟你做夫妻,我宁肯死。

祝英台：我也是！

梁山伯：我们活着不能做夫妻,死了一定可以在一起。

祝英台：(微微笑着看着梁山伯)对,死了一定在一起。

　　　　[两个人紧紧相拥在一起]

第五幕　为情而死

[梁山伯的家中,一张简陋的桌子,一张破旧的床,梁山伯重病躺在床上,一名大夫正在给梁山伯号脉,梁父梁母焦急地站在旁边。号完脉,大夫站了起来]

梁　父：(着急地)大夫,我儿子的病到底怎么样啊？

大　夫：(皱着眉头)我们到外边谈谈吧。

　　　　[梁父和大夫离开山伯的床,到稍远的地方]

梁　父：大夫,到底怎么样啊？

大　夫：哎,真可惜,那么年轻！

梁　父：您救救山伯吧，我求求您了！我给您下跪了！(哭着要跪下)

[大夫赶快把梁父扶起来]

大　夫：我也很想救他，可是他的病我的确治不了。

梁　父：到底是什么病啊？

大　夫：(用手指着心)是心病，没有药能治啊！

梁　父：哎，那没有别的办法吗？我可怜的孩子啊！

大　夫：心病还需心药医。

梁　父：不瞒您说，山伯的确爱上了一个女孩子，那个女孩子也很爱她，可是人家父母不愿意啊，人家是有钱人，和我们门不当户不对啊！唉！

[忽然传来梁母的哭喊声："山伯！山伯！"]

[梁父冲到里边，大哭]

第六幕　蝴蝶双飞

[英台家中，一片喜气洋洋，贴着大红喜字，挂着大红灯笼，英台一身新娘子的打扮，祝老爷祝夫人在门口送别女儿，英台的旁边有丫鬟跟着]

祝老爷：孩子，到了婆婆家，要做一个好媳妇啊！

祝夫人：(很伤心，很舍不得的样子)一定要照顾好自己！

祝英台：(笑着看着爹娘)爹，娘，你们放心吧。我要走了，你们的年龄也大了，一定要多多注意身体！

话剧 梁山伯与祝英台
LIANG SHAN BO YU ZHU YING TAI

祝老爷：你不用担心我们，我和你娘都很好！

祝英台：爹，娘，我现在有一个请求，请爹娘答应女儿。

祝夫人：孩子，什么要求娘都答应你！你还要什么啊？

祝英台：我什么都不要。我想去看看梁山伯。

祝老爷：(生气的样子)你看他干什么？

祝夫人：孩子啊，不要去看了，我听别人说，山伯已经去世了，我们害怕你难过，没敢告诉你。

祝英台：其实我早就知道了，并且我已经去看过他了！

祝老爷、祝夫人：(吃惊地瞪大了眼睛)啊！什么？

祝英台：你们就答应我吧，这是我最后一次去看他！

祝老爷：不行！

祝英台：这是我的最后一个要求，如果你们不答应，我就不结婚了！

祝夫人：老爷，就答应孩子吧，孩子也怪可怜的。(一边说一边抹眼泪)

祝老爷：(气得跺脚)哎！好吧。(对着两个男仆说)送小姐时，先去看看梁公子，这件事千万不能告诉任何人！

仆人₁、仆人₂：是！老爷！

祝英台：爹，娘，谢谢你们！(给爹娘下跪磕头)我走了！

[祝夫人把英台扶起来]

祝夫人：孩子，赶快走吧。

[英台依依不舍地拜别父母，丫鬟扶着她离开，祝夫人和祝老

爷挥手退下]

[众人上路,来到梁山伯的墓前]

[英台双臂抱着墓碑抚摸,一会儿笑一会儿哭]

祝英台:梁兄,我又来看你了!我们终于可以在一起了!

[这时,忽然大雨倾盆,雷声阵阵,小丫鬟急着撑伞]

[天空打了一个异常响的雷,梁山伯的墓忽然打开,祝英台快速闪身而入]

众仆人:(边哭边喊捶打着墓碑)小姐,小姐!

[天忽然放晴,传来优美的乐声]

[两只美丽的大蝴蝶从墓中飞出,在空中翩翩起舞]

[《梁祝》乐声响起]

[众人仰头看着翩翩飞舞的蝴蝶,陶醉一般]

(剧终)

话剧 梁山伯与祝英台
LIANG SHAN BO YU ZHU YING TAI

学习向导

词 语

1. 太守	（名）	tàishǒu	procurator
2. 门当户对		mén dāng hù duì	be well-matched in social status
3. 郎才女貌		láng cái nǚ mào	a pefect match between a talented man and a beautiful girl
4. 害羞	（形）	hàixiū	pudency
5. 做主		zuò zhǔ	decide
6. 宁肯	（副）	nìngkěn	rather
7. 号脉		hào mài	feel the pulse
8. 焦急	（形）	jiāojí	anxious
9. 下跪	（动）	xiàguì	kneel down
10. 怪	（副）	guài	quite

关关雎鸠,在河之洲。窈窕淑女,君子好逑。参差荇菜,左右流之。窈窕淑女,寤寐求之：中国古代第一部诗歌总集《诗经》中的第一首诗《关雎》的第一部分,这是一首优美的爱情诗。

小品

谈谈小品

　　小品是最短小的戏剧作品，又称戏剧小品。一般分为话剧小品、戏曲小品和电视小品等，是广大观众喜闻乐见的艺术品种。

　　话剧小品有以下几个特点：一是小。小品一般篇幅小、事件小、场面小、人物少、时间短、情节简单。二是能集中表现现实生活的一个画面。小品演出的时间一般是十五分钟左右，人物活动空间只是几十平方米的舞台，因此，小品的人物、时间、事件必须统一在一个环境里，尽量通过一个相对完整的场面表现现实生活的一个画面。三是节奏快。小品要在较短的时间内表现一个相对完整，具有吸引力的故事，所以只能采用快节奏的方式。四是以喜剧为主。话剧小品大多是喜剧，观众在欢声笑语中感受艺术带来的快乐，感悟生活的酸甜苦辣。

　　自20世纪80年代，话剧小品就搬上中国电视荧屏，此后的几十年，这种短小的表演艺术深受中国观众的喜爱。每年由中国中央电视台主办的春节联欢晚会都会为观众准备精彩的小品表演。在中国演艺界也不断地涌现出优秀的小品演员，比如赵本山、黄宏、赵丽蓉、宋丹丹、郭达、蔡明等，他们的精彩表演给观众们留下了难以忘怀的印象。

　　本书为读者安排了六个小品，既有反映现实生活的，如《圆圆减肥》等，也有反映跨文化交际冲突的，如《老外做客》等。

在中国,炒股票的人叫"股民",
特别爱炒股票的人叫"股迷"。
杰克,
就是一个股迷,
一个没钱的股迷……

适合初中级水平汉语学习者演出

人物说明

杰　克：在华留学生,爱炒股,但水平不高。
达　哈：在华留学生,杰克的同学。
丽　莎：在华留学生,女,杰克的同学。
王　涛：在华留学生,杰克的同学,性格老实。

道 具

1. 桌子一张
2. 椅子两把
3. 汉语书一本
4. 笔记本电脑一台
5. 人民币若干

第一场

[达哈正在图书室学习汉语,杰克笑嘻嘻地上]

杰克：(拍拍达哈,笑着小声地)这么用功啊？星期天也不休息？

达哈：(不耐烦地)你怎么也来图书室了？在这儿可不常看见你。

杰克：(翻翻达哈的书)你都能看懂这么难的汉语文章了?真是太厉害了！

达哈：(谦虚地)其实也不太懂,就是看着玩儿。

杰克：我得多向你学习啊,咱们班你的汉语最棒了！

达哈：别这么说,我的汉语水平很一般。

杰克：别谦虚了,谁不知道你又努力又聪明？学习上你一定要多帮帮我啊。

达哈：不能说"帮",咱们以后可以多交流交流。

杰克：对,多交流交流。不只是学习上,生活中你也要多帮帮

我。

达哈：生活中？

杰克：(有点不好意思地)对,特别是"钱"这个方面……

达哈：你又要借钱吧？你说你前面说那么多没用的有意思吗？

杰克：(小声地)可能不太有意思……

达哈：你上次借的钱还没还呢！

杰克：那和这次的一起还吧。

达哈：(无奈地)唉,那你借钱干什么？你不会又要……

杰克：(同样无奈地)你猜对了。

达哈：不行。上次你买股票前,大家就说你不懂股票,劝你不要买。可你不听,非买不可,还说能赚多少多少。最后还是赔了,连大家的钱都赔进去了。

杰克：这次可不同了,这次是一个特懂股票的朋友帮我推荐的,说一定能赚大钱。这个朋友水平很高,肯定错不了！赚了钱,我多分给你点儿！

达哈：(假装笑着)你的朋友水平很高？

杰克：对！

达哈：(假装笑着)他说一定能赚大钱？

杰克：没错！

达哈：(假装高兴地)太棒了！

杰克：(高兴地笑着)你同意了？

达哈：同意了。可惜我没钱。

杰克：(笑容突然消失)真没劲！你也赚不了大钱。(撅着嘴看达哈的书)还汉语水平高呢？这么简单的书都看不懂！

[杰克生气地下]

达哈：(摇头叹气小声地)这人……

第二场

[丽莎正在宿舍看电影,杰克笑嘻嘻地上]

杰克：(笑着说)美女干什么呢？

丽莎：(抬头看一眼杰克)啊,这不是股票专家吗？

杰克：(得意地)什么专家啊？可别开玩笑了！(凑过去看丽莎的电脑)你在看《建国大业》啊。这么难的电影你都能听懂,真了不起！

丽莎：有的句子也听不懂,这不下面有字幕吗？

杰克：汉字更难了,能看懂字幕更了不起！(夸张地)咱们班你的汉语最棒了！

丽莎：只是看电影,(学杰克的口气)和"汉语最棒"有什么关系啊？

杰克：你太谦虚了！我正想了解一下中国的这段历史呢,你可要多教教我啊！

丽莎：咱们可以多交流。

杰克：不光是学习上交流,生活中也要多交流交流啊。

丽莎：(吃惊地)你什么意思？

杰克：不,不,你误会了。

丽莎：误会什么了？

杰克：(不好意思地)你看你,汉语这么棒,我都不会和你对话了。我是说……(杰克手指一撮,做点钱的手势)

丽莎：(假装同意,笑着说)噢……

杰克：明白了！

丽莎：没钱！

杰克：这次真是一个特懂股票的朋友帮我推荐的,保证能赚大钱。赚了钱,我多分给你点儿还不行？

丽莎：没钱！

杰克：你怎么不相信我呢？你还说我是专家呢？

丽莎：谢谢专家,请在外面帮我把门关上。

杰克：好的。(想了想突然觉得不对,生气地)小气鬼！连这么简单的电影都看不懂,还要看字幕,谁说你的汉语最棒啊？

丽莎：你刚才说的。

杰克：(生气地,无奈地)我,我说错了！

[杰克生气地下]

丽莎：把门关上……

第三场

[杰克走在校园里,远远地看到了王涛]

杰克: (自言自语地)不行,我这样肯定借不到钱。我不能说借钱去买股票,我得说……对了!(看到王涛走过来,捂着肚子)哎哟哎哟!

王涛: 杰克,你怎么了?

杰克: 王涛,我不行了,我肚子疼死了!

王涛: (着急地)那快去医院哪!

杰克: 王涛,你是咱们班汉语学得最棒的了,你可得帮帮我啊!

王涛: 别说了,快去医院吧,我陪你去。

杰克: 王涛,好兄弟,我再疼也不能耽误你的时间哪!哎哟哎哟!我自己去就行!

王涛: 那好吧,我先走了,你自己小心!

杰克: 哎!哎!王涛,别走!你还得帮帮我,我主要是没……(杰克手指不停地撮着,做点钱的手势)

王涛: 什么意思?

杰克: (着急地)就是这个,就是这个(杰克不断重复点钱的手势)。

王涛: (模仿杰克点钱的手势,不明白地)这个是哪个?

杰克: (着急地)就是……就是……钱!

王涛: 你太客气了,我帮你不要钱!

杰克: 哎呀,不是,不是。我是因为没有钱才没去医院。

王涛：你要借钱？

杰克：好兄弟,你总算明白了,累死我了！

王涛：我没带钱啊。

杰克：(手突然松开了肚子,吃惊地)啊！

王涛：你肚子好了？

杰克：(手又继续捂着肚子)没有,没有,还疼。好兄弟,要不你回宿舍给我拿吧,我疼死了,得去医院。

王涛：那好吧。你要多少？

杰克：三千块就行。

王涛：那么多！

杰克：你不知道,现在看病可贵了！

王涛：那好吧,你等着啊,我这就去拿。

[王涛下]

杰克：(看王涛走远了)Yeah！这下可以买股票挣钱了！

[杰克往王涛走的方向看了又看。达哈和丽莎上。]

杰克：(看到达哈和丽莎走了过来,坏坏地笑)你们两个怎么一起出来散步啊？在谈恋爱吗？

达哈：(生气地)杰克,是不是你去找王涛借钱了？

杰克：你怎么知道?我和王涛是好兄弟,这是我们两个的事儿,和你有什么关系？

达哈：(生气地)你明明知道王涛没那么多钱,还装病骗他,我看你是想钱想疯了！

杰克：(迅速捂着肚子)谁说我装病了,我是真肚子疼!

丽莎：别装了。王涛没那么多钱,又去找我们借,他都急坏了,还说得赶紧把杰克送到医院!

杰克：(感动地)王涛真这么说了?他在哪儿呢?

[王涛拿着钱上]

杰克：王涛,对不起!

王涛：杰克,我都知道了。其实炒股票也不是坏事,但是你得懂才行。我这里只有一千块钱了,先借给你吧。你如果成功了当然好,如果失败了,就好好儿研究研究股票,然后再炒。

杰克：(感动地)王涛,你真是我的好兄弟。其实我对股票还真不懂。这钱我不借了,这次我也不买了,等我真弄懂了股票再买吧。

达哈、丽莎：这样才对!

达哈：走,我们一起去吃饭吧!

杰克：你们三个汉语最棒的人一定要帮帮我啊。

达哈、丽莎、王涛：(吃惊地)又怎么了?

杰克：(不好意思地)我只是想问问今天谁请客啊?

[达哈、丽莎、王涛三人哈哈大笑]

达哈：放心吧,我们请你!

杰克：快走吧,我都饿了。你说你们的汉语怎么学得这么棒呢?

[四人一起笑着下]

(剧终)

股迷杰克
GU MI JIE KE

学习向导

词语

1. 迷	(名)	mí	fan
2. 股票	(名)	gǔpiào	stock
3. 股民	(名)	gǔmín	stock holder
4. 谦虚	(形)	qiānxū	modest
5. 猜	(动)	cāi	guess
6. 推荐	(动)	tuījiàn	recommend
7. 可惜	(形)	kěxī	unfortunate
8. 字幕	(名)	zìmù	caption
9. 耽误	(动)	dānwù	delay
10. 疯	(形)	fēng	crazy

1. 别这么说,……

    插入语,表示对方所说的话不太准确,不太合适。比如:
    (1) 甲:最近去了几家公司应聘,都失败了,看来我是找不到工作了。

    乙:别这么说,我觉得你的能力挺强的,一定能找到一份满意的工作。

    (2) 甲:你的工作那么忙,还到医院来陪我,我心里真过意不去。

    乙:别这么说,咱们是朋友,互相帮助是应该的。

2. 谁不知道……

    反问句,表示强调后面所说的事情大家都知道。
    (1) 甲:为什么坐火车去云南旅游啊,飞机多快啊!

    乙:谁不知道飞机快啊,可是机票太贵了。

    (2) 甲:真的不能再喝了,再喝就醉了。

    乙:谁不知道你的酒量大啊,再喝五瓶也没问题。

我说错了吗？

说话也是一门艺术，
可是我们常常说错话，
如果那样，
真的很麻烦……

适合初中级水平汉语学习者演出

人物说明

大　卫：男，二十岁左右，在华留学生，汉语初级水平，花花公子。
谢力德：男，二十岁左右，大卫的同学，爱玩儿，善交际。
长　佳：女，二十岁左右，大卫的同学，可爱，爱发脾气。
瑶　子：女，二十岁左右，大卫的同学，聪明漂亮，学习认真。

道 具

1. 一张桌子
2. 四把椅子
3. 四个茶杯

第一场

[大卫和谢力德下课,回宿舍的路上。大卫拿出一把钱]

大　卫：(边走边得意地对观众说)我的同学说,学好中国话,什么都不怕。可我觉得学得好学得差都不怕,就怕没有个好爸爸。(对谢力德举起钞票)看,我老爸又给我寄钱来了!

谢力德：(接过钞票看,吃惊地)你爸爸怎么又给你寄这么多钱?哎呀,你爸爸真好。

大　卫：哎,你不知道吗?有句话是这样说的:"有什么别有病,没什么别没钱。"可是,如果你有了毛病,你的父母就一定会给你寄钱。

谢力德：(上下打量大卫)你身体好得像头牛,你有什么毛病?对了,我看你还真有点儿毛病。

大　卫：(吃惊地)什么毛病?

谢力德：乱花钱的毛病。

小品 我说错了吗？
WO SHUO CUO LE MA

大　卫：哈哈！现在我又有钱了，今天中午我请客。你和咱们班那三个漂亮的女生一起来。中午十二点全聚德烤鸭店，怎么样？

谢力德：太好了！回头见！

大　卫：你们四个一定一起来！记住是四个，不是你一个。如果只是你一个人来，我们就不吃北京烤鸭，我只能请你吃西红柿炒鸡蛋了。

第二场

[全聚德烤鸭店，一张桌子，四把椅子，大卫坐在桌子旁喝茶等人。谢力德和长佳、瑶子上场]

大　卫：(站起来迎接)欢迎，欢迎，你们能来真是太好了！(对观众)今天可以和漂亮妹妹一起吃饭，太高兴了！(对长佳、瑶子)请坐，请喝茶！

长　佳：我是第一次来这里，没想到里面这么大！

瑶　子：我也是第一次来，这家餐厅真漂亮！

谢力德：还是你们两位小姑娘更漂亮！

长　佳：最漂亮的还是这些北京烤鸭啊(指向观众)。

大　卫：(对谢力德抱怨地)不是说你们四个人一起来吗？怎么只来了她们两个？

瑶　子：我的同屋下课后去银行了，她过一会儿就来。

大　卫：你们干吗这么客气,我请你们吃饭,你们却去银行取钱。那我们再等等她吧。

长　佳：我今天没吃早饭,现在饿死了。

瑶　子：我昨天晚上就没吃饭。晚上做梦梦见北京烤鸭对我说,欢迎我来中国。

谢力德：烤鸭怎么会说话呢?哎,烤鸭说的汉语还是英语?

瑶　子：中国的鸭子当然说的是汉语了。

谢力德：你学习真努力,做梦都在说汉语。

大　卫：(很焦急地看表,站起来,自言自语)现在都十二点多了,怎么该来的人还不来呢?(说完到前边焦急地张望)

长　佳：他刚才说什么?

谢力德：我没听清楚。

瑶　子：他说"怎么该来的人还不来?"

长　佳：他是什么意思?该来的人没来?他的意思是我们是不该来的人了?(生气地走了)

谢力德：(站起想解释)你别生气……

小品 我说错了吗？
WO SHUO CUO LE MA

大　卫：(在后边追)哎……你怎么走了？(转身)她怎么走了？

瑶　子：你不是在等该来的人吗？我们来了，可是我们是不应该来的人。

大　卫：(很着急地)真是的！我说的不是那个意思。她怎么走了呢？你看，不该走的人，怎么就走了呢？

瑶　子：(手指向长佳离开的方向，对谢力德说)他的意思是她不应该走，因为她是不该走的人，(左看右看)那……我是该走的人，对吗？(生气地走了)

大　卫：(在后边追)哎……你怎么也走了？(转身)她怎么也走了？

谢力德：你看你，你会不会说话？说话的时候你应该想一想，说错了就不能再改了。

大　卫：我没有说错呀。我刚才说的不是那个意思，她们都不该走，我不是叫她们走，我不是说她们。我是说……

谢力德：我明白你的意思了。我告诉你，(从口袋里拿出钱)我也有钱，我自己一个人吃一只大烤鸭！(生气地拿起自己的包走了)

大　卫：(很冤枉地，对观众)怎么了？我真说错了吗？我说的不是他们想的那个意思。我说的不是他们，我说的是……(指向观众)哎！你

们也不要走!我说的也不是你们!唉,说不好中国话,后果真可怕。(很懊悔地坐在椅子上)

(剧终)

1. 乱	（形）	luàn	disordered
2. 回头	（副）	huítóu	a monent later
3. 却	（副）	què	but
4. 梦	（动）	mèng	dream
5. 改	（动）	gǎi	correct

北京烤鸭:北京特有的名菜。

约会的时刻是美好的,
年轻的恋人成双成对,花前月下……
可如果男孩儿迟到了,还拿着别的女孩送的花,
那会发生什么故事呢?
……

适合中级水平汉语学习者演出

人物说明

迈克:男,二十岁左右,在华留学生,性格外向。
玛丽:二十岁左右,在华留学生,迈克的女朋友,活泼可爱。
李明:男,中国人,二十多岁,脾气好。
张红:二十多岁,李明的女朋友,通情达理。

道 具

    1. 茂盛的绿色植物、鲜花若干,布置于舞台四周

    2. 长椅一把,置于舞台中间

第一场

    [张红坐在公园的长椅上]

张红：(焦急地望着前方,不时看着表,对观众说)说好七点见面,他怎么还没到?刚谈恋爱那会儿,他每次都是提前到,拿着花等我。可是后来他来得越来越晚,越来越晚。这不,都七点一刻了,唉……

迈克：(慌里慌张地跑上,向四周看看,好像在找什么人)这位小姐,请问您看没看见这么高的一个外国女孩儿(用手比画)?黄头发、大眼睛,走起路来喜欢一蹦一蹦的(模仿)?

张红：(不耐烦地)没有。

迈克：(在长椅上坐下)哦……

张红：这儿有人。

迈克：哪儿呢?哪儿呢?是不是我女朋友?(向四周看看,没找到女朋友)她去哪儿了呢?

张红：我是说,这里有人。

迈克：什么人?我怎么没看到哇?

张红：我男朋友。

迈克：啊？(一下子跳了起来)你是说,你男朋友正坐在这儿？(害怕地打招呼)你好。

张红：什么呀！我在等我的男朋友！

迈克：吓死我了,我还以为碰到鬼了。我还是再去找找我女朋友吧。玛丽！玛丽！

[迈克下]

[李明拿着一束花上]

李明：亲爱的,对不起,对不起,我来晚了,你等了很长时间吧。

张红：哼！你还知道来呀！你看看都几点了？约会时哪儿有让女的等男的的？上一次你是怎么向我保证的？

李明：亲爱的,我改,我以后再也不迟到了。看在我给你买花的份儿上就饶了我吧。你看,这花和你一样漂亮！

张红：(接过花,偷笑)这还差不多。

李明：嘿嘿,我保证以后一定不会迟到了。(一下子抓住了张红的手)你看,今晚的月亮多圆啊！

张红：(不好意思地)是啊。(张红、李明面对面地)你不知道刚才你没来都急死我了。我还以为……

李明：以为什么？

张红：(声音越来越小,害羞地)以为你不会来了。

李明：(和张红靠得越来越近)怎么会呢？

[李明和张红准备拥抱]

89

〔玛丽上〕

玛丽：请问……

〔听到玛丽的声音,李明和张红赶紧分开了〕

李明：(清了清嗓子,抬起头)哎,是你?(赶紧跑过去和玛丽握手)又见到你了,真高兴!

玛丽：可不是嘛,真没想到。怎么样,见到你的女朋友了吗?

李明：(小声地对玛丽)谢谢,谢谢,多亏了你,不然我今天就麻烦了。

张红：(看到李明和玛丽这么亲热,不高兴地)哎哎哎,怎么回事儿啊?(对李明)你过来,你这是和谁约会呢?见着这个女的,看把你高兴得!

李明：看你说的,你误会了。

玛丽：(对张红)你好,这花怎么样?

张红：(不高兴地)跟你有什么关系?

玛丽：这是我选的,我眼光不错吧。

张红：你选的?

玛丽：是啊,(指着李明)这是我送给他的。

张红：你送的?(生气地对李明说)这是怎么回事?你怎么能把别人送你的花再送给我?你也太过分了吧!

李明：这是什么跟什么呀!你误会了。实话告诉你吧,我今天着急出门,忘带钱包了……

张红：编,接着编。

李明:好,你听我跟你接着编。什么呀!我说的都是事实。

玛丽:(对张红)对,他今天没钱买花,正好碰到了我。

李明:(对张红)给你买花的钱就是她借给我的。人家还帮你选了一束最大的!

张红:(不好意思地)原来是这样啊,你怎么不早说呢?

李明:刚才我哪儿有空儿说啊?

张红:(对玛丽)不好意思,刚才我没弄清楚怎么回事,真是对不起。

玛丽:没关系,没关系。

张红:(看着玛丽,自言自语)哎,黄头发、大眼睛……(对玛丽)你走两步我看看。

玛丽:怎么了?

[玛丽走了几步]

张红:再快点儿。

[玛丽一蹦一蹦地走]

张红:对了。(边说边用手比画)你是不是认识一个这么高的外国小伙子,长头发,大眼睛。

玛丽:是啊,是啊,那是我男朋友。刚才我从花店出来的时候,就找不到他了。我就一直找到了这儿。

张红:他也在找你。他刚才来过,朝那边走了。我带你去找他吧。

玛丽:真的吗?太感谢你了!

李明：我也一起去吧。

张红：不用了，没你什么事儿，你在这儿看包吧。

李明：(摇着头)哎，女人真是奇怪，刚才还吵架呢，现在又好得像一个人似的。

[张红、玛丽下]

[李明坐到长椅上]

[迈克上，看起来很累的样子，一下子坐到了长椅上]

李明：对不起，这儿有人。

迈克：在哪儿？(突然想起了"这儿有人"的意思，站了起来)哦，对不起。

李明：没关系，你也可以先坐一会儿。

迈克：(又坐下，看到李明捧着一束花)你在等人吗？

李明：(对迈克笑笑)也算是吧。

迈克：现在的女孩儿每次约会都迟到，我女朋友也一样，还爱到处乱跑。哎，这么大一束花挺贵的吧？

李明：可不是嘛。这不，买了这么一束花，我今天的工资又没了，也不知道这东西到底有什么好的。

迈克：我女朋友也特别喜欢花，特别爱逛花店。每次和她一起出来，我都要花好多钱给她买花。不给她买，她就不高兴，动不动就不理我了。

李明：不过，你们外国人都有钱，买这点儿花也不算什么。

迈克：谁说的？外国人也不是都有钱哪！拿我来说吧，一个留学生能有什么钱！

小品　快乐约会

李明：我刚工作，也不富裕。哪儿有那么多钱给女朋友买花？现在的男人可真不容易！

迈克：(主动伸出手，和李明握手)唉，理解万岁！

李明：(和迈克握手)理解万岁！

迈克：你说现在的女孩儿，不光是爱花钱，而且对人还特别不礼貌。

李明：怎么了？

迈克：刚才坐在这儿的一个女孩儿，不光不让我坐下，还吓唬我说这儿有鬼。

李明：(生气地)是吗？怎么能这样？也太不像话了！(大方地)兄弟，别客气，你随便坐。

迈克：那个女孩儿长得一点儿也不漂亮，谁是她男朋友可倒了霉了！

李明：我看也是。

迈克：不行，不跟你聊了。我还要找我女朋友呢。

李明：你女朋友怎么了？

迈克：她一出门就乱跑，我们又走散了。上次我们一起去长城，走到一半我就找不到她了。然后我也没心情玩儿了，就到处找她。找了半天也没找到，就坐在地上直喘气。一个中国人以为我不会汉语，对他儿子说："看这老外没劲儿了。"你猜我怎么说的？

李明：怎么说的？

迈克：我说:"老外休息一会儿不行啊？"

李明：哈哈哈。

迈克：最后我都差点儿报警了。可没想到，我女朋友早到家了，人家没事儿一样坐在沙发上看电视呢，还问我都去哪儿了，为什么回来这么晚。

李明：哈哈，你女朋友也挺有意思的。

迈克：对了，我女朋友黄头发，大眼睛……

[玛丽、张红上]

玛丽：迈克！

迈克：玛丽！(和玛丽拥抱)你去哪儿了？可把我急死了！

张红：(对迈克)把她交给你我就放心了。

迈克：(吃惊地看着张红，回过头对李明，小声地)她就是我刚才给你说的那个女孩儿。

李明：(小声地,略带微笑地)她就是我女朋友。

迈克：啊……我真不知道,哎哟,太不好意思了。

李明：没关系。快,把这花送给你女朋友吧。

迈克：(接过花)那我就不客气了。

[迈克把花送给玛丽]

[玛丽幸福地闻着花]

张红：(牵着李明的手)这也算是物归原主了。(看着李明)可我的花呢？

[李明挠头直笑]

(剧终)

学习向导

词语

1. 焦急 （形） jiāojí — anxious
2. 比画 （动） bǐhua — gesture
3. 蹦 （动） bèng — leap
4. 模仿 （动） mófǎng — imitate
5. 饶 （动） ráo — forgive
6. 保证 （动） bǎozhèng — promise
7. 眼光 （名） yǎnguāng — judgment
8. 编 （动） biān — make up
9. 自言自语 zì yán zì yǔ — talk to oneself
10. 吓唬 （动） xiàhu — scare
11. 喘气 chuǎn qì — take a deep breath
12. 报警 bào jǐng — call the police
13. 物归原主 wù guī yuán zhǔ — things return to their proper owners

1. **理解万岁**：强调人与人之间互相理解的重要性。
2. **不像话**：表示某种言语行动是不合理的,有批评或不满的语气。

1. **多亏了你**

    "多亏了某人"表示很幸运地得到了某人的帮助。比如:
    (1) 多亏了王明,我才按时完成了剧本的创作。
    (2) 多亏了你,这个学期我的汉语进步很大。
    (3) 多亏了他,否则刚才我就摔倒了。

2. **看把你高兴得!**

    意思是"你高兴得太过分了,没必要这么高兴"。"看把某人……得"表示说话人觉得对方的某种行为过度或情感过分外露,用不着或不必到如此地步。比如:
    (1) 看把李清急得,不就是丢了二百块钱吗?
    (2) 只不过是一条小蛇,看把你吓得!
    (3) 看把他紧张得,根本没必要,这次考试一点儿也不难。

3. 动不动就不理我了

"动不动就……"表示某人极容易做出某种反应或行为，或某种情况很容易出现。多用于不希望发生的事。比如：

(1) 他身体很弱，动不动就感冒。

(2) 你怎么动不动就发脾气？

(3) 你带上伞吧，这两天天气不好，动不动就下雨。

4. 拿我来说吧

"拿……来说"常用于以某人或某事物举例。比如：

(1) 不是每个男孩儿都喜欢打篮球的，拿我的弟弟来说，就从来不打。

(2) 钱不是万能的，拿幸福来说，钱就买不到。

(3) 科技的发展极大地提高了人们的工作效率，拿网上图书馆来说，有了它，人们足不出户就能阅览到各种图书，方便极了。

购 物

> 逛街、购物,
> 永远是女孩子最喜欢的活动。
> 收获的不仅仅是漂亮的东西,
> 还有一个个令人难忘的故事……

适合中级水平汉语学习者演出

人物说明

服装店老板:一位年轻男子。

服装店老板娘:一位年轻女子,是老板的妻子。

学生甲:一位女学生。

学生乙:另一位女学生,是学生甲的朋友。

墨镜女:一个时髦的年轻女子,戴着大墨镜。

墨镜男:一个时髦的年轻男子,墨镜女的男朋友,戴着大墨镜,对女朋友很温柔。

长发女:长头发女子,穿着时髦。

短发男:短头发男子,长发女的丈夫,缺少耐心。

道 具

1. 写着"新新人类"的牌子一块
2. 衣架一个
3. 牛仔裤等服装若干
4. 凳子一个
5. 桌子一张
6. 钱币若干

[服装店里,老板娘正在整理服装,老板把"新新人类"的牌子摆在门外,准备迎接客人]

老　　板:(一边摆放牌子一边对老板娘说)今天是周末,买东西的人多,生意应该不错。

老板娘:(一边整理衣服一边回答)我们都开业一个多星期了,没卖几件衣服,急死我了。(站在店门口,对着观众)本店新进大量个性服装,欢迎前来挑选。走过路过,不要错过。

女生甲:这个店的衣服看着挺时尚的,进去看看吧。

女生乙:好啊!

　　　　　　[两个人走到店里]

老板娘：(非常热情地)欢迎光临！

老　板：两位小姐，请进请进！想买什么样的？

女生乙：随便看看。

　　　　　　[二人边走边看，老板热情地紧跟在后面，老板娘站在柜台后面]

老　板：小姐身材这么好，长得这么漂亮，很多衣服都适合你们！(拿出一件非常暴露的衣服，对女生甲说)这件小姐喜欢吗？您可以试试。麦当娜就穿这样的衣服！

女生甲：(吃惊地瞪大了眼睛)这么暴露，我怎么能穿？

老　板：今年就流行这样的，小姐试试吧！

女生乙：(有点儿不耐烦)谢谢你，我们还是自己选吧！

老　板：我给你们推荐的当然是最好的……

女生甲：(小声地对女生乙说)我们走吧。

　　　　　　[女生乙点点头，两个人要往店外走]
　　　　　　[老板拎着那件暴露装紧跟在后面]

老　板：小姐，怎么走啊，还没试衣服呢！

　　　　　　[女生甲和女生乙已经走出店外]

　　　　　　(把衣服挂上，生气地对老板娘说)这两个女人！不买衣服进来干什么？

老板娘：我看啊，是你有问题。

老　板：(瞪大眼睛，用手指着自己的鼻子)什么？你说我有问题，我哪儿有问题，我那是热情，你懂吗？

老板娘：(笑着指着老板的头)什么热情,你就是个神经病!

老　板：(生气了)什么,你说什么,你说我是神经病?热情点儿难道不好吗?

老板娘：热情当然好,但是太热情了,谁都受不了!(对着台下观众)你们说是吗?

老　板：哎,当个老板真难啊!(愁眉苦脸地)热情不行,不热情也不行。(对着台下观众)你们说,应该怎么做啊?

老板娘：(微笑着拉着老板)老公,别着急,要说做生意啊,女人比男人强。一会儿再来顾客,看我的!

老　板：(无可奈何的样子)好吧。(无精打采地站到柜台后面)
　　　　[戴着墨镜的一对男女站在服装店门外,女的挽着男的的胳膊]

墨镜女：(嗲声嗲气地)亲爱的,我想买条牛仔裤!

墨镜男：(亲昵地拍着女的肩膀)好,买什么都行!走,进去看看!
　　　　[两个人走进店里]

老板娘：欢迎光临!二位想买点儿什么?

墨镜女：哇,这儿的牛仔裤可真多啊!

墨镜男：看看有没有你喜欢的?
　　　　[墨镜女拿起一条很肥的牛仔裤]

墨镜女：亲爱的,这条漂亮吗?

墨镜男：漂亮是漂亮,可是有点儿肥。

墨镜女：哦,也是!(把牛仔裤放回原处,又拿起一条很瘦的牛仔裤)那这条呢?

墨镜男：这条样式很漂亮，可是有点儿肥。

墨镜女：这么瘦，还肥啊？

墨镜男：(对着观众)哈哈，我说的不是衣服。

[墨镜女有点儿不高兴，把衣服放回去，低着头选牛仔裤]

亲爱的，别着急，这个店牛仔裤这么多，一定能选一条合适的。

[墨镜女又拿出一条低腰裤]

墨镜女：那这条呢？我喜欢这种样式！

墨镜男：挺好挺好，就是它了，赶快买了吧。

墨镜女：(非常高兴地)老板娘，多少钱？

老板娘：(微笑着走过来)400块！

墨镜女：不打折吗？

老板娘：小姐，这是今年的新款，不打折。(拿出那件很肥的牛仔裤)这件便宜，200块。

墨镜女：(撇着嘴)这么肥，我才不买呢！

墨镜男：我女朋友真的看上这件衣服了，便宜点儿！现在买东西，哪有不打折的？

老板娘：(为难的样子)先生，这是名牌，又是今年的新款，400块可真不贵。(对着台下观众)你们看看，这样的大名牌，400块贵不贵？

墨镜女：(生气地大声说)我就喜欢买打折的东西，不打折的不买！亲爱的，我们去别的店。

[墨镜女拉着墨镜男就往外走]

墨镜男： 那条牛仔裤挺好的，400块也不是很贵，别逛了，就买那条吧！

墨镜女： (非常坚决的样子)不行，我就要买打折的。

[墨镜女拉着墨镜男走出服装店]

老　板： (从柜台后面走出来)哈哈，怎么样？你的生意也没做成吧！

老板娘： (生气地)生意没做成，你高兴什么？神经病！

老　板： 你知道这笔生意为什么没做成吗？

老板娘： 那个女的有毛病！

老　板： 人家没有毛病！

老板娘： (非常生气)那你说我有毛病啊？

老　板： 你们俩都没有毛病，问题是你不了解顾客的心理。(指着自己的心)

老板娘： 什么心理？

老　板： 想买便宜东西的心理。

老板娘： 我要的价格真不贵啊，我们的进货价就是350块钱，我要400还贵吗？

老　板： 如果你要500块，然后打八折便宜到400块，她就很高兴，觉得自己买到了便宜的东西！

老板娘： 那还不是一样！

老　板： (指着自己的心)在我们这儿是一样，在她那儿感觉可不一样！

老板娘：(拍着老板的肩膀)嘿,你还真了解女人啊!

老　板：(自豪地)不了解女人,能当你老公吗?

老板娘：呵呵!

老　板：再有顾客来,我们就这样办!

老板娘：好,听你的!

[一个长发女孩儿和一个短发男孩儿路过这家服装店]

长发女：老公,这儿又有一家店,进去看看吧!

短发男：(很累的样子)还进去啊? 都逛了一上午了,一件衣服也没买到,我都快累死了!

长发女：我想买的牛仔裤还没买到呢!我们也不能白逛啊!再进这家看看吧!

短发男：(无可奈何的样子,耷拉着脑袋,有气无力地)好吧。

老板、老板娘：欢迎光临!

老　板：二位想买什么衣服?

长发女：有牛仔裤吗?

老板娘：有,我们店的牛仔裤质量特别好,样式也很新。

　　　　　　［把长发女带到牛仔裤货架,长发女仔细地选着］

短发男：老板,我能在你这儿坐会儿吗?

老　板：当然当然,我很理解你,陪老婆逛街可真不容易啊!

短发男：哎,没办法啊!

　　　　　　［老板拿出一个小板凳递给短发男,短发男接过来一屁股就坐下了］

长发女：(举起那条比较肥的牛仔裤)老公,这条牛仔裤怎么样?

短发男：(连看也不看,面无表情)挺好!

长发女：(又仔细地看看,在自己的身上比比)可是我觉得太肥了,穿上不好看。(把衣服放回去,举起那条比较瘦的牛仔裤)老公,这条瘦的怎么样?

短发男：(不看,依然面无表情)挺好!

长发女：你觉得我穿合适吗?

短发男：(依然面无表情)挺好!

长发女：你怎么了,就会说"挺好",你不觉得这条裤子太瘦了吗? 我穿不进去!

短发男：(机械地)哦,是!

长发女：(举起那条低腰裤)这条低腰裤怎么样? 好看吗?

短发男：挺好!

长发女：真没意思,以后再也不跟你一起逛街了!

短发男：(激动地)挺好,挺好,谢谢,谢谢!

长发女：(生气地)什么,你说什么? 结婚以前你总是高高兴兴地

陪我逛街,结婚以后怎么变成这样了?

短发男:老婆,对不起,我真的快累死了!

老板娘:小姐,这条牛仔裤的样式非常适合你,显得你的身材更好了。

[拿起裤子在长发女的身上比一比]

长发女:嗯,真挺好看的。多少钱?

老板娘:600。

长发女:我的天啊,这么贵!

老板娘:小姐,这是名牌,而且是今年最流行的裤子。

长发女:是吗?便宜点儿吧,7折?

老板娘:最低9折,不能再便宜了!

长发女:8折吧,8折我就买一条。

老 板:行了,你们别再讨价还价了,那位先生已经很累了,就8折吧。

短发男:(非常感谢地)谢谢老板,谢谢老板,我们已经逛了一上午了,我连一口水都没喝啊!

老板娘:好吧,8折就8折吧。

长发女:老公,拿钱!

短发男:(马上站起来,掏出钱递给老板)嗨,终于可以付钱了!

[老板娘把牛仔裤装进袋里递给长发女]

长发女:谢谢!老公,我们走吧。(两人往外走)

老　　板：欢迎下次光临。

短发男：以后买衣服一定到你们店！

　　　　[两人离开]

老板、老板娘：(老板攥着钱,两人举起双手)Yeah!

（剧终）

词语

1. 时尚	（形）	shíshàng	style
2. 暴露	（形）	bàolù	undress
3. 推荐	（动）	tuījiàn	commend
4. 样式	（名）	yàngshì	mode
5. 低腰裤	（名）	dīyāokù	a pair of trousers with low waist
6. 心理	（名）	xīnlǐ	mind
7. 进货		jìn huò	stock

1. 神经病：形容人精神不正常。
2. 讨价还价：买卖双方商量价格，买方希望价格低，卖方希望价格高。

1. 漂亮是漂亮，可是有点儿肥

"……是……，可是……"表示转折，语义重点在后半部分。比如：

(1) 这家商店的东西便宜是便宜，可是质量不太好。

(2) 一次性筷子方便是方便，可是太浪费了。

2. 现在买东西，哪有不打折的

"哪有不……"反问句，表示强调应该做某事。比如：

(1) 做妈妈的，哪有不爱孩子的？

(2) 甲：我们家妞妞太爱玩儿了！有的时候连作业都不想写。

乙：不用担心，小孩子哪有不喜欢玩儿的！

老外做客

只学了一年汉语的大卫,
性格开朗,爱开玩笑。
他和同学安娜去中国朋友张明家做客,
会发生什么故事呢?

适合中级水平汉语学习者演出

人物说明

大卫:男,美国人,在华留学生,很年轻,喜欢问问题。
安娜:女,德国人,在华留学生,很年轻,有礼貌。
张明:男,中国大学生,年轻人,大卫、安娜的朋友。
张明的爸爸:中年人,热情好客。
张明的妈妈:中年人,热情好客。

道具

1. 圆桌一张
2. 椅子五把
3. 碗筷五副
4. 酒杯五个
5. 啤酒两瓶
6. 糖醋鲤鱼一盘
7. 茶几一个
8. 茶壶一只
9. 茶杯五个

第一幕

[在张明家门外]

安娜：应该就是这儿了。

大卫：没错儿，3楼401。我来敲门吧。

[咚咚咚]

[张明开门，他的爸爸、妈妈站在他身后]

张明：快请进。我来介绍一下儿，(对爸爸、妈妈)这是大卫，这是安娜。(对大卫和安娜)这是我的爸爸、妈妈。

大卫、安娜：叔叔好，阿姨好！

张明的爸爸：大卫真高，安娜也很漂亮。快请进来坐吧。阿姨已

小品 老外做客

经把饭给你们准备好了。

[大家围坐在餐桌周围]

大卫：叔叔，您的媳妇(西服)真不错！

[听到大卫说"媳妇"，大家都愣了一下]

安娜：(赶紧解释)叔叔，对不起，大卫学汉语的时间不长。他是在夸阿姨年轻漂亮。(对大卫)你应该叫"阿姨"，不应该叫"媳妇"。

大卫：我不是这个意思。我是说叔叔的衣服很不错。

张明：哈哈。大卫的意思是爸爸的西服看起来很好。对吧，大卫？

大卫：对，对。就是媳妇(西服)。

安娜：(对大卫)不是媳妇，是西服。(对张明的妈妈)不过阿姨您真是既年轻又漂亮！

张明的妈妈：哪里！哪里！

大卫：哪里都漂亮！眼睛、鼻子、嘴都很漂亮。

大家(除了大卫)：哈哈哈。

[大卫不明白地挠挠头]

张明的妈妈：谢谢大卫！(对大卫和安娜)你们几点从家里出来的？

大卫：我今天七点"出家"的。

张明：大卫你是和尚吗？(做和尚的动作)阿弥陀佛！

安娜：哈哈，大卫是说我们七点出门的。

张明的妈妈：你们是第一次来，我们这儿离学校很远，一定饿坏了吧？

安娜:阿姨,没关系,我们都是吃了早点来的。

大卫:(对安娜)"早点儿"?"早点儿"是什么呀?你不是每天都让我早点儿起床吗?"早点儿"还能吃吗?

安娜:(小声地对大卫说)"早点"就是早饭的意思。

大卫:啊?(对大家)不瞒你们说,我以前真不明白"早点"的意思。我还以为那些"早点"的牌子是让大家快点儿上班,别迟到呢。

大家:哈哈哈。

张明的爸爸:来来来,我给大卫、安娜倒上酒。

[张明的爸爸给大卫、安娜倒酒]

大卫:叔叔、阿姨我也给你们倒酒吧。

[大卫拿起一瓶啤酒,给张明的爸爸妈妈倒了大半杯,但没有倒满]

安娜:我也给您二位倒点儿吧。

[安娜给张明的爸爸妈妈把酒倒满了]

大卫:(对安娜说)为什么倒得这么满?这样一端杯子,酒不就洒了吗?

张明:(对大卫说)中国人觉得把酒倒满是诚心实意的表现。给你倒满酒就是诚心实意欢迎你的意思。

大卫:噢。叔叔、阿姨刚才对不起了。

张明的爸爸:没关系,怎么着都行。大卫、安娜千万别拘束,在这里就像在自己家一样。

小品 老外做客
LAO WAI ZUO KE

张明： 来，让我们共同举杯，欢迎远道而来的大卫、安娜，也祝愿我们的友谊地久天长！安娜随意，我们都干了。

安娜： 我没有关系的。

大家： 干杯！

[大家一齐喝酒]

张明的妈妈： 大家快吃吧。今天也没准备什么菜，大卫、安娜多吃点儿吧。

大卫： (奇怪地)菜很多啊，我们肯定吃不了！

张明： 那你就多吃点儿吧！别剩下！

张明的爸爸： 大卫、安娜你们来中国多长时间了？

安娜： 我来了三年了。

大卫： 我才来了一年。

张明的爸爸： 你们的汉语说得都很不错啊！

大卫： 马和老虎吧。

张明的爸爸： (奇怪地)啊？

大卫： 哦，不对，老虎和马吧。

[大家都愣了一会儿]

张明： 哈哈，我明白了，(对观众)他是说——"马马虎虎吧"。

大家： 哈哈哈。

[大卫不好意思地对安娜做了个鬼脸]

张明的爸爸： 大卫很谦虚嘛！

大卫： 我听张明说，在中国谦虚很重要。可是我有个问题不太明白。

张明的爸爸：什么问题?

大卫：刚才我坐车来的时候,看到大楼上有很多"中国很行(中国银行)"的字。中国人是在说自己很厉害吗?你们不是很谦虚吗?

张明的爸爸：(非常奇怪地)"中国很行"?

安娜：啊,我知道了。大卫是说"中国银行",他把"银行"看成"很行"了。

大卫：(不好意思地挠头)原来是这样啊。

张明的妈妈：哈哈。你们先聊着,我看看鱼好了没有。

[张明的妈妈下]

张明的爸爸：大卫实在是太有意思了。哎,大卫,你家是哪儿的?

大卫：我是美国人。

张明的爸爸：那可够远的!你怎么想起要到中国来学汉语了?

大卫：那还得从"胜"和"败"说起。

张明：快说说,还挺神秘哪!

大卫：(对张明和安娜)我先考考你们,"中国队大胜美国队"和"中国队大败美国队"意思一样吗?

安娜：嗯,不一样,前一句是中国队赢了,后一句是中国队输了。

大卫：(对观众)大家说呢?

[与观众互动]

我一开始也很奇怪,这两句话的意思居然都是中国队赢了。所以我觉得这汉语太有意思了,一定要来中国学好汉语。

小品

老外做客
LAO WAI ZUO KE

张明：是啊，大卫不说我都没注意这个问题。还确实是，胜败都是中国队赢，汉语真是有意思。

[大卫得意地笑笑]

安娜：看把你得意的！你别再闹笑话就行了。

张明的妈妈：鱼来了！这是专门为大卫、安娜做的糖醋鲤鱼，快尝尝！

[大卫刚想拿筷子去夹鱼，看安娜没动，又把筷子放下了]

张明的爸爸：大卫怎么不吃了？快吃呀。

张明：爸爸，您不吃，安娜、大卫当然不好意思吃了。还是您先动筷子吧。

张明的爸爸：(笑笑)好吧。(吃了一口鱼)大卫、安娜快尝尝吧。

大卫、安娜：谢谢！

大卫：真好吃。可我有个问题不明白。鱼头和鱼尾巴能吃吗？

张明的妈妈：中国有句俗话，叫"吃什么补什么"。我们觉得吃鱼头对脑子很有好处，会让你变得更聪明。

安娜：噢。那张明头那么大，那么聪明，是不是吃了很多鱼头？

张明：嘿嘿。

大卫：(站起来拍着屁股)我从来不吃这里的肉，为什么我的屁股这么大？

大家：哈哈哈。

大卫：(又捂着肚子)一说起屁股，我都想上卫生间了。

张明：想方便的话跟我来吧。

大卫：(奇怪地)方便？

张明：就是去卫生间。

大卫：那好，走吧。

　　　[大卫、张明下]

第二幕

　　　[大卫、安娜、张明和张明的父母在张明家的客厅里喝茶。]

大卫：谢谢叔叔阿姨的盛情招待，我和安娜吃得很好。

安娜：阿姨的手艺真是太棒了！

张明的妈妈：多谢夸奖。来，喝点儿茶吧。这是别人送给张明他爸爸的西湖龙井，味道很不错。

大卫：阿姨，我来倒茶吧。

　　　[大卫起身倒茶，给每个人都倒了满满一杯]

安娜：大卫，看你又错了吧。

大卫：我怎么了？

安娜：中国有句俗话，叫"酒要满，茶要浅"。就是说茶不要倒得太满。对吧，张明？

张明：说得没错儿。

张明的爸爸：安娜对中国文化很了解呀。

安娜：我学得还很不够，以后还要多向叔叔阿姨请教呢。这西湖龙井果然不错，很清香。(低头看表)天不早了，我和大

小品 老外做客

卫要回去了,今天真的很感谢叔叔阿姨,我们玩儿得很高兴。

[安娜、大卫起身,张明、张明的父母也跟着站了起来]

张明的爸爸: 再坐一会儿吧,时间还早。

安娜: 不了,再晚就没有公交车了。

张明的妈妈: 那你们慢走,方便的时候随时来玩儿。

大卫: (奇怪地)方便的时候?阿姨您家离学校太远了,到时候我们肯定来不及。

张明的妈妈: 嗯?

大卫: 我是说我们宿舍也有卫生间,方便的时候就不用过来了。

大家: 哈哈哈。

张明: 我妈的意思是让你有空儿的时候来玩儿。

大卫: 真不好意思,又让大家见笑了!

张明的妈妈: 没关系,慢走。

张明: (对爸爸、妈妈说)我去送送他们。

[张明和安娜走在前面,大卫很慢地跟在后面]

张明的爸爸: 大卫你怎么了,哪里不舒服吗?

大卫: 是阿姨刚才让我慢走的呀。

安娜: 那是阿姨让你路上小心。

大卫: 原来是这样啊。

大卫、安娜: 叔叔阿姨再见!

张明的爸爸、妈妈: 再见!

(剧终)

学习向导

词语

1. 媳妇	（名）	xífu		wife
2. 愣	（动）	lèng		become moveless because of astonishment
3. 出家		chū jiā		become a monk or a nun
4. 和尚	（名）	héshang		monk
5. 早点	（名）	zǎodiǎn		breakfast
6. 诚心实意		chéng xīn shí yì		with one's whole heart
7. 拘束	（动）	jūshù		feel uneasy
8. 地久天长		dì jiǔ tiān cháng		forever and ever
9. 屁股	（名）	pìgu		hip
10. 捂	（动）	wǔ		cover sth with one's hand
11. 手艺	（名）	shǒuyì		cooking skills

1. **阿(ē)弥陀佛**：佛教用语，佛教徒在见面或分别时常用此语表示祝福。
2. **糖醋鲤鱼**：传统鲁菜。先把鲤鱼挂上面糊炸熟，再浇上糖醋汁即可。外脆里嫩，香甜可口。
3. **西湖龙井**：中国名茶，产于浙江杭州西湖。
4. **酒要满，茶要浅**：中国人给客人倒酒、倒茶的礼仪。倒酒要倒得满满的，而倒茶只要倒八分满就可以了。

不瞒你们说

　　插入语，表示自己所说的是完全真实的，毫无隐瞒，相当于"说实话"、"说真的"。比如：

（1）不瞒你说，我真的很喜欢他。
（2）不瞒你们说，我今晚真不想打牌，我得看球赛。
（3）不瞒你说，我不太喜欢吃这道菜，你还是自己吃吧。

圆圆才15岁,
却150多斤了。
所以她决定减肥,
她的减肥计划能成功吗?

适合初中级水平汉语学习者演出

人物说明

圆　圆:女,十五岁,长得很胖,很可爱。
圆圆的妈妈:四十多岁,身材较胖。
王医生:男,四十多岁。

道 具

1. 白大褂一件
2. 桌子一张
3. 椅子一把
4. 听诊器一个
5. 钢笔一支
6. 白纸若干

第一幕

[在门诊室外]

圆　圆：(痛苦地)妈妈,我不想进去了。

圆圆的妈妈：不行,听话!

[妈妈咚咚咚地敲门]

王医生：请进。

[圆圆和妈妈进门坐下]

王医生：(对圆圆的妈妈)孩子怎么了?

圆圆的妈妈：这孩子太胖了,这么小已经150多斤了。

王医生：(对圆圆)小姑娘,你叫什么名字?

圆　圆：(小声地)圆圆。

王医生：(拿出听诊器)来,我听听。

[王医生给圆圆检查身体]

王医生：没什么大问题。孩子吃饭怎么样？

圆圆的妈妈：(骄傲地)这孩子没什么别的优点,就是吃饭好。早餐喝两杯牛奶,吃四个鸡蛋；中午能吃两大碗米饭(用手比画碗的大小),外加两个鸡腿；晚上能吃两个大馒头,还有这么大一盘肉(用手比画盘子的大小)。

圆　圆：(认真地)睡觉前我还要吃四块巧克力。

王医生：(对圆圆的妈妈)她睡觉怎么样？

圆圆的妈妈：这孩子除了吃饭好就是睡觉好,连上课都睡觉！

王医生：那是够好的。(对圆圆)圆圆,你平时有什么爱好吗？比如喜欢什么运动？

圆　圆：(得意地)吃汉堡。我是我们班吃汉堡比赛的第一名！

圆圆的妈妈：(骄傲地)确实是！那次圆圆还得了个奖状。

王医生：我是问你喜欢什么运动,比如跑步、游泳什么的。

圆　圆：(认真地)吃汉堡不算运动吗？跑步有跑步比赛,游泳有游泳比赛,吃汉堡也有吃汉堡比赛。跑步、游泳是运动,为什么吃汉堡不是运动呢？

王医生：那除了吃汉堡呢？

圆　圆：除了吃汉堡,我想想……

圆圆的妈妈：(提示的语气)去年冬天咱们去哈尔滨,你说你很喜欢……(做滑雪的动作)

圆　圆：什么呀？

小品 圆圆减肥

圆圆的妈妈：这种运动很冷。(做打哆嗦的样子)

圆　圆：(高兴地)对了,吃冰激凌!我们班吃冰激凌比赛我也得过奖,(遗憾地)不过是第二名。

王医生：你们班比赛真多。

圆　圆：(遗憾地)本来还要举办吃苹果比赛的。

王医生：为什么没进行?

圆　圆：(认真地)老师说那样会对其他的水果不公平,比如橘子、香蕉什么的。

圆圆的妈妈：他们老师300多斤,这些比赛都是他的主意。

王医生：我明白了。(对圆圆的妈妈)知道孩子为什么这么胖吗?就是因为她吃得多又不运动。

圆圆的妈妈：那想减肥应该怎么办呢?大夫您给开点儿药吧。

王医生：不用开药,我给你开个方子。(拿出笔纸,写好后交给圆圆的妈妈)

圆圆的妈妈：(看着方子一个字一个字慢慢地读)每顿饭一片面包,一个苹果。

王医生：对。按照这个方子吃准没错儿!

圆圆的妈妈：谢谢您了,大夫。那我们先走了。

[圆圆和妈妈站起来往外走,快出门时,听见王医生说]

王医生：另外,注意多运动,多打打羽毛球什么的。

圆圆的妈妈：(小声地)他说什么球儿?

圆　圆：(奇怪地)巧克力球儿?

第二幕

[一个月后,圆圆更胖了]
[在门诊室外]

圆圆的妈妈: 快走!

圆　圆: 慢点儿,我都走不动了。

[咚咚咚,圆圆妈妈生气地敲门]

王医生: 请进!

圆圆的妈妈: (圆圆妈妈边往里走边生气地)大夫,我们一个月前来过,你给我们开了这个方子。(把方子拍在王医生的桌子上)你看我们是按照你的药方吃的,怎么越来越胖了?

王医生: (拿起方子,看看)是每顿饭一片面包,一个苹果?

圆圆的妈妈: 没错儿!

王医生: 那就奇怪了。圆圆,你们老师最近有没有举办什么比赛?

圆　圆: 吃苹果比赛。

王医生: 不是说不举办吃苹果比赛了吗?

圆　圆: (认真地)老师觉得如果不举办,虽然对橘子、香蕉公平,但对苹果又不公平了,所以就举办了。但最后为了公平,就又举办了吃橘子和吃香蕉的比赛。

王医生: 那你都参加了吗?

圆　　圆：都参加了。(遗憾地)但都没得第一名。

王医生：谁得了第一名？

圆　　圆：老师。

圆圆的妈妈：可是就吃了三次水果,也不会胖这么多啊？

王医生：说的也是。

圆圆的妈妈：大夫,你得对我们负责。我们是想来减肥的,没想到越减越肥了。

圆　　圆：(对王医生)我觉得不是您的错儿,是妈妈的错儿。

王医生、圆圆的妈妈：(奇怪地)嗯？

圆　　圆：(慢慢地)我觉得面包和苹果应该饭后吃,不应该饭前吃。可妈妈非要我在吃饭前就把面包和苹果吃了不可,说是怕吃完饭忘了。可我吃完苹果更饿了,吃饭的时候,吃得比以前还多。

[王医生听后气得倒在了地上]

圆圆的妈妈：(对圆圆)你这孩子,净乱说话！大夫经常跟我说要饭后吃药。(回头对王医生)你说对吧,大夫？(找不到王医生了)大夫？大夫？

圆　　圆：(低头一看)在这儿呢。

圆圆的妈妈：(着急地叫)大夫！大夫！来人哪！救命啊！

[圆圆和妈妈抬着王医生下]

(剧终)

学习向导

词语

1.	听诊器	（名）	tīngzhěnqì	stethoscope
2.	汉堡	（名）	hànbǎo	hamburger
3.	奖状	（名）	jiǎngzhuàng	certificate of merit
4.	提示	（动）	tíshì	hint
5.	打哆嗦		dǎ duōsuo	shiver
6.	方子	（名）	fāngzi	prescription
7.	负责	（动）	fùzé	take the responsibility

1. 够好的

意思是很好，"够……的"表示程度高。比如：

(1) 他一个月能挣一万块钱，够多的。

(2) 李明家的房子够大的，有三百多平方米呢。

(3) 她的男朋友一米八多，个子够高的。

2. 非……不可

　　表示一定要这样。比如：

　　(1) 今天这么冷，他非出去打篮球不可，这不感冒了。

　　(2) 他非写完作业再睡觉不可，谁劝也没用。

　　(3) 这部电影非你主演不可。

诗歌

谈谈诗歌

　　诗是最古老也是最具有文学特质的文学样式。中国是诗歌的王国,《诗经》是中国古代第一部诗歌总集。中国诗歌在唐代达到艺术的顶峰,李白、杜甫、白居易等都是唐朝的著名诗人。

　　中国诗歌艺术从唐代又发展到宋、元的词和曲,以至于今天的新体诗。它高度凝练,集中地反映社会生活,用丰富的想象、富有节奏感、韵律美的语言和分行排列的形式来抒发思想情感,而且它的表现形式既有别于其他文体,同时又随着时代的前进而不断发展、变化。

　　本书针对留学生学习汉语的难点编写了《声调歌》、《亲属歌》,还收入了民间流传的《数字歌》。现代诗歌《告别母校》抒发了在华留学生对中国、对母校的热爱,以及临别时依依不舍的眷恋之情。

说汉语,
像唱歌。
阴阳上去,
乐趣多……

适合初级水平汉语学习者朗诵

表演提示

1. 准备若干张汉语声调卡片。
2. 表演前根据学生水平、班级人物分配角色。

女₁：(举一声卡片)   yī shēng gāo
一声高，

合：(举一声卡片)   yī shēng gāo gāo píng yòu píng
一声高高平又平，

xiǎo hé shuǐ ér qīng yòu qīng
小河水儿清又清。

男₁：(举二声卡片)   èr shēng yáng
二声扬，

8只羊： xiǎo hé biān shàng bā zhī yáng
小河边上八只羊，("咩咩"地叫)

3只狼： xiǎo hé xià yóu sān zhī láng
小河下游三只狼。

女₂：(举三声卡片)   sān shēng guǎi
三声拐，

8只羊： xiǎo yáng kǒu kě lái hē shuǐ
小羊口渴来喝水，(八只羊喝水状)

3只狼： lǎo láng lái bǎ yáng ér qiǎng
老狼来把羊儿抢。

(三只狼去拉羊，羊互相挣脱)

男₂：(举四声卡片)   sì shēng jiàng
四声降，

合： láng ér pǎo yáng ér jiào
狼儿跑，羊儿叫，(八只羊"咩咩"地叫)

3只狼： xiǎo yáng tiào dào shān pō shàng
小羊跳到山坡上，(欢庆胜利状)

8只羊： lǎo láng diào dào shuǐ zhōng yāng
老狼掉到水中央。(在水中淹死)

一二三四五,
大家都来数一数,
奇妙的数字,
同样朗朗上口……

适合汉语初学者朗诵

表演提示

分组表演。

合：一二三,三二一,
　　一二三四五六七,
　　七加八,八加七,
　　九个,十个,加十一。

女$_1$：二八二五六,二八二五七,
　　　二八,二九,三十一。

男$_1$：三八三五六,三八三五七,
　　　三八,三九,四十一。

女$_2$：四八四五六,四八四五七,
　　　四八,四九,五十一。

男$_2$：五八五五六,五八五五七,
　　　五八,五九,六十一。

女$_3$：六八六五六,六八六五七,
　　　六八,六九,七十一。

男$_3$：七八七五六,七八七五七,
　　　七八,七九,八十一。

女$_4$：八八八五六,八八八五七,
　　　八八,八九,九十一。

男$_4$：九八九五六,九八九五七,
　　　九八九九,一百一。

家，
是心灵的港湾。
家人，
是永远的挂念……

适合初级水平汉语学习者朗诵

表演提示

分组表演。

合： 汉语是个大家庭，
　　　兄弟姐妹要分清，
　　　团结友爱要和睦，
　　　尊敬长辈记心中。

男₁女₁： 爸爸的爸爸叫爷爷，——爷爷(合)
　　　　爸爸的妈妈叫奶奶，——奶奶(合)
　　　　妈妈的爸爸叫姥爷，——姥爷(合)
　　　　妈妈的妈妈叫姥姥。——姥姥(合)

男₂女₂： 爸爸的哥哥叫伯父，——伯父(合)
　　　　爸爸的弟弟叫叔叔，——叔叔(合)
　　　　妈妈的兄弟叫舅舅，——舅舅(合)
　　　　妈妈的姐妹叫姨妈。——姨妈(合)
　　　　爸爸的姐妹叫姑妈。——姑妈(合)

男₃女₃： 结婚以后更幸福，
　　　　丈夫妻子互尊敬。
　　　　丈夫的爸爸是公公，——公公(合)
　　　　丈夫的妈妈是婆婆，——婆婆(合)
　　　　妻子的爸爸是岳父，——岳父(合)
　　　　妻子的妈妈是岳母。——岳母(合)

亲属歌
QIN SHU GE

合： 生个男孩是儿子，
　　　生个女孩是女儿，
　　　儿子女儿都一样，
　　　培养子女忙又忙。
　　　子女成才先立业，
　　　立业之后再成家。

男4女4： 儿子的妻子是儿媳，　　——儿媳(合)
　　　　女儿的丈夫是女婿。　　——女婿(合)
　　　　儿子的儿子是孙子，　　——孙子(合)
　　　　儿子的女儿是孙女。　　——孙女(合)
　　　　女儿的儿子是外孙，　　——外孙(合)
　　　　女儿的女儿是外孙女。　——外孙女(合)

合： 大家庭里人员多，
　　　彼此之间多照应。
　　　尊老爱幼好传统，
　　　长幼有序分得清。

告别母校

五湖四海的朋友,
因为汉语,相聚在一起。
天下没有不散的筵席,
情谊却永存在心底……

适合中高级水平汉语学习者朗诵

表演提示

分组表演。

合：　　今天,我们又聚在一起,
　　　　向美丽的母校告别,
　　　　向辛勤的老师告别,
　　　　向亲爱的同学告别,
　　　　向难忘的留学生活告别,

诗歌 告别母校 GAO BIE MU XIAO

此时，我们的心中，有千言万语要向母校诉说。

女₁：还记得第一次走进××大学*校园的那一天吗？
　　　这里没有一张熟悉的面孔，
　　　好像走进了一个全新的世界，
　　　眼前的一切很新鲜，
　　　我充满了好奇，
　　　也充满了紧张。

女合：一张张热情的笑脸亲切地迎接我们，
　　　一双双温暖的手臂无微不至地帮助我们，
　　　这一切，又让我们觉得好像回到了自己的家，
　　　这儿，到处都有家的温暖，
　　　这儿就是爱的家园。

男₁：还记得第一次上汉语课的情景吗？
　　　我们彼此陌生，
　　　彼此语言不通，
　　　只是微笑着看着新老师、新同学，
　　　心里有很多话，
　　　却不知道怎么说出来。

*注："××大学"可换成本校名称。

男合： 是老师清楚的讲解让我们的汉语水平不断提高，
是老师灵活的方法让我们觉得汉语一点儿也不枯燥，
快乐的汉语课堂让我们感受到学习汉语的乐趣，
丰富的汉语知识增加了我们学习汉语的动力，
今天，能说一口流利的汉语是我们最大的自豪和骄傲！

女$_2$： 还记得大家一起旅行的欢声笑语吗？
车厢里充满了我们的笑声，
我们的汉语让很多游客惊奇，
雄伟的泰山，壮观的长城，
到处留下了我们的足迹。
茫茫的大海，无边的草原，
都是难以忘怀的记忆。

女合： 美丽的景色让我们深深陶醉，
悠远的历史让我们思绪万千，
丰富的文化让我们惊叹不已，
这片土地，是如此的美丽，
我们和这片土地，已经有了难以割舍的情谊。

男$_2$： 今天，我们就要离开，
独自漫步校园小路，

一切都那么熟悉,
幽静的小树林,
热闹的篮球场,
安静的自习室,
让我好像看到了昨天的自己。

男合：舍不得同学们的深厚友谊,
　　　舍不得老师们的柔声细语,
　　　舍不得校园里的蓬勃朝气,
　　　舍不得这里的一点一滴,
　　　这儿的一切,都已经深深地记在我们的心里。

女₃男₃: 今天,我们就要别离,
今天的别离,只是暂时的分离,
明天,我们还会聚在一起,
相聚在这里,相聚在大学校园,
畅谈各自人生的辉煌足迹!

合: ××大学*是我们的母校,
不论何时何地,都将母校牵挂在心,
今天,母校是我们的自豪,
明天,我们就是母校的骄傲!

*注:"××大学"可换成本校名称。

相声

谈谈相声

相声是一种以说笑话或滑稽问答引起观众发笑的中国传统曲艺形式。它诙谐地反映生活，讽刺社会上的各种现象。现代相声形成于清朝咸丰、同治年间(19世纪中叶)，起源于北京，流行于全国各地，主要运用北京话进行表演，同时各地也有用当地方言说的"方言相声"。

相声有三种表演形式，单口相声、对口相声和群口相声。单口相声由一位演员表演；对口相声由两位演员表演，一位为情节的主要叙述者，是"逗哏"，另一位处于辅助的地位，是"捧哏"；群口相声由三个或三个以上的演员表演。

相声是一种幽默的艺术形式，其核心是笑料，行话叫"包袱"。相声有四种基本的艺术手段，即"说、学、逗、唱"。"说"是指演员叙说故事、笑话、绕口令等。"学"是指演员模仿各种鸟兽叫声、叫卖声、唱腔和各种人物说话的口音等。"逗"是指演员组织笑料(行话叫"系包袱")、表达笑料(行话叫"抖包袱")的手段。"唱"是指演员在说的过程中穿插的演唱。

本书为读者安排了四个相声，有反映中国饮食文化的，如《味道怎么样？》；有探讨现代人的饮食健康的，如《今天吃什么？》；有关于留学生汉语学习的，如《老爸和老八》；还有根据中国古代故事改编的，如《西行记》等。

味道怎么样？

> 中国菜，
> 花样繁多，
> 闻名世界，
> 让我们一起来了解一下中国菜吧。

适合初中级水平汉语学习者演出

甲：你好！(声调不准)

乙：你好！(对观众)这人，说话怎么这个味儿？你是哪儿的人？

甲：地球人啊。

乙：嘿，我当然知道你是地球人了，你看起来也不像月球人啊？我是问你，你是地球上哪个地方的人？

甲：美国洛杉矶的。

乙：呵，美国洛杉矶人。

甲：对。请问，您是哪儿的？

乙：你看不出来吧？猜猜看。

甲：嗨，一看就知道，你们看——中国人。

乙：你一猜就猜……

   [甲得意洋洋地看着乙]

   错了。

甲：错了？你汉语说得这么好，不是中国人是哪国人？

乙：您再猜猜看。

甲：我知道了，你是日本人，这次我一定猜……

乙：错了。

甲：又错了？那你是韩国人？

乙：这次你猜……

甲：(失望地)错了？

乙：对了。

甲：你这个人真有意思。哎，我说，你来中国多长时间了？

乙：我来中国已经两年了，你呢？

甲：我来中国六个月了。

乙：你刚来六个月？汉语说得不错嘛！

甲：哪里，哪里。

乙：你不要谦虚了，就是这里(指对方的头顶)，这里有才啊。

甲：我这里怎么会有才(菜)呢？才(菜)都在超市、市场，怎么会在我的脑袋里呢？

乙：我说你有才，是说你聪明，有才能，不是吃的那个菜。

甲：噢，我明白了。还是你比我更有才。

相声　味道怎么样？
WEI DAO ZEN ME YANG

乙：不客气，你现在已经习惯这里的生活了吧？

甲：差不多都习惯了，就是还不太习惯吃中国菜。

乙：是吗？中国菜种类很多，你一定能找到你喜欢吃的菜的。

甲：问题就在这里。中国菜太多了，我不知道吃什么好。每次去饭店，服务员给我拿来菜单，上边的菜太多了，我也看不懂，也不知道什么好吃什么不好吃。每次点菜我都觉得像考试。

乙：你能记住一些中国菜的名字吗？

甲：糖拌西红柿、西红柿炒鸡蛋、鸡蛋炒米饭。

乙：你整天就是西红柿、鸡蛋和米饭啊！

甲：我还会自己煮方便面，里边加西红柿和鸡蛋。

乙：我说，你这样可不行。来中国我们除了学习汉语以外，还应该多体验一些中国的文化和生活。

甲：可是那么多的菜，我不知道怎么吃啊？

乙：我刚来中国的时候和你一样，那么多的菜我是吃坏了肚子看花了眼。你知道中国菜的特点吗？

甲：特点？好像是东辣？西辣？南辣？北辣？

乙：你好可爱呀！中国菜的特点不仅仅是辣，东辣、西酸、南甜、北咸。

甲：对对！我不喜欢吃辣的，所以记住了辣。

乙：你不仅要记住口味，还应该记住一些菜的名字。你喜欢什么口味的菜？

甲：我喜欢吃酸的、甜的。

乙：喜欢吃酸的，那好办，又便宜又好吃的有醋熘土豆丝、酸菜鱼、酸菜豆腐；如果你还想再酸点儿就吃云南的酸扒菜、内蒙古的酸烩菜、山西的酸窝菜；如果你还要吃更酸的，我给你买一瓶山西陈醋，想吃酸就吃醋。

甲：吃醋？你才吃醋呢。我想吃辣的了。

乙：辣的就更多了，酸辣土豆丝、辣子炒鸡、辣子炒肉、辣子鸡丁、宫保鸡丁、麻辣火锅……

甲：停停，太辣了，我想吃又甜又酸的。

乙：又酸又甜的？有糖醋里脊、糖醋肉、糖醋鱼、糖醋……哎，我说了这么多，你能记得住吗？

甲：你怎么知道这么多啊？你不会是来中国学做中国菜的吧？

乙：只要留心，这些在平时的生活中就会学会的。你会做菜吗？

甲：当然会了。周末的时候我做了一次炒鸡。

乙：你会做炒鸡？你说说怎么做？

甲：我做得很简单，就是把我看到的、我能买到的、我喜欢吃的东西放到锅里和鸡一起炒。

乙：啊？那，味道怎么样？

甲：我也不知道，反正是酸甜苦辣咸什么味道都有。

乙：你做的是什么炒鸡？

甲：我的同学起了一个很好听的名字。

乙：什么名字？

相声 味道怎么样?
WEI DAO ZEN ME YANG

甲：美国洛杉鸡(矶)。

乙：噢，是这个洛杉鸡啊。

词语

1. 谦虚	（动）	qiānxū	modesty
2. 脑袋	（名）	nǎodai	head
3. 特点	（名）	tèdiǎn	features

今天吃什么?

> 民以食为天。
> 吃是一件大事,
> 可是,
> 吃也是一门学问……

适合中级水平汉语学习者演出

甲:大家好,我叫大山。

乙:大家好,我叫桑巴。

甲:我们俩是多年的老朋友,有难同当,有福同享。

乙:别别别,我可受不了。

甲:怎么,难道你不把我当朋友?

乙:朋友当然是朋友,有难同当没问题,有福同享很难办到。

甲:哎,大家看,我这个朋友脑子是不是有问题啊?

乙:我有什么问题?我身心健康正常得很。

相声 今天吃什么？

JIN TIAN CHI SHEN ME

甲：有困难的时候你帮助我，我享福的时候你却不和我在一起，大家说，这是正常人吗？

乙：嗨，我不是那个意思。

甲：那你什么意思啊？

乙：我的意思是说你的福我享不了。

甲：我的什么福你享不了啊？

乙：多啦。我问你，你最喜欢吃什么？

甲：这还用问，炸鸡啊，炸鸡腿、炸鸡翅、炸鸡块、炸鸡柳、炸鸡排，还有炸鸡脖……

乙：(用手指着大山)卖炸鸡的。

甲：如果没有炸鸡，活着还有什么意义啊？

乙：这些是你的美味，我可享受不了啊！

甲：我就不明白，这么好吃的东西你怎么就没兴趣啊？太可惜了！你活得真没意义！

乙：知道这是为什么吗？因为我们俩的饮食观念完全不一样。

甲：不就是我喜欢吃炸鸡，你不喜欢，至于说什么饮食观念吗？

乙：不仅仅是炸鸡啊，我再问你，你最喜欢什么饮料？

甲：可乐啊，可口可乐、百事可乐、非常可乐，喝起来那叫一个爽啊！

乙：(用手指着)现在又卖可乐了！早饭吃什么？

甲：饼干啊，我已经吃了二十多年的饼干了，也吃不烦，可见饼干的魅力啊！

乙：晚饭呢？

甲：还用问,当然是方便面,方便面多方便啊！如果我妈听我的,我们家天天晚上都吃方便面。

乙：你不烦啊。

甲：什么叫烦啊？现在的方便面品种多,口味多,炸的、煮的、干吃的、干拌的、麻辣的、牛肉的、鸡肉的、咖喱的、西红柿的……

乙：(用手指着大山)卖方便面的。你怎么什么都能卖啊？

甲：(对着观众,拍着自己的肚子)我开的就是小卖部！

乙：那你是部长啊！

甲：(拍着自己的肚子)谁说我的肚子不长,我的肚子天天长。哈哈哈！

乙：你夏天最喜欢吃什么啊？

甲：这还用问,羊肉串啊,晚上和朋友喝扎啤,吃羊肉串,那叫一个痛快啊！

乙：大家听到了吗？他喜欢吃的喝的都是些什么食品啊？

甲：我告诉你们吧,这些都是人间美味。

乙：错,这些都是垃圾美味。

甲：(生气地瞪大了眼睛)什么？你说我吃的喝的都是垃圾。

乙：对！(拍着大山的肚子)什么小卖部啊？这儿就是垃——圾——箱！

甲：(非常生气地)桑巴,你什么意思,你这不是骂人吗？

相声 今天吃什么？
JIN TIAN CHI SHEN ME

乙：我怎么能骂你呢，我们是好朋友，我只是想告诉你，这些垃圾食品不能吃，对身体没好处。

甲：有什么不好？

乙：多了，垃圾食品极容易引起什么高血压、高血脂、老年痴呆、癌症等等各种疾病。

甲：行了，别吓唬我了，哪有你说得这么可怕！我现在健康得很！

乙：你现在还年轻，等年龄大了，各种各样的病就都来找你了。不信你试试。

甲：好好好，我信，我信还不行吗？

乙：以后啊，什么炸鸡、方便面、烤羊肉串都要少吃，最好不吃。

甲：这不能吃，那不能吃，我吃什么？我活着还有什么意思啊？

乙：吃绿色食品啊。

甲：什么绿色食品？你让我天天吃菠菜、白菜、胡萝卜？

乙：这些食品都挺好的，很有营养。

甲：好啊，以后兔子吃什么我就吃什么，三个月以后，我也变成了红眼睛、长耳朵，(开始模仿小兔子又唱又跳)"小白兔，白又白，两只耳朵竖起来，爱吃萝卜爱吃菜，蹦蹦跳跳真可爱！"这下你满意了吧？

乙：你看你看，你从一个极端又走向了另一个极端。

甲：我怎么走极端了，你不是让我吃绿色食品吗？

乙：绿色食品是没污染的食品，不仅仅包括新鲜的蔬菜水果，

也包括牛奶、肉类、鱼类啊。

甲：你的意思是说，我还可以吃肉啊！

乙：当然可以，只是不要吃烟熏的、油炸的、烧烤的，这些肉类对身体没好处。

甲：嗨，我还以为你让我天天吃素呢。

乙：天天吃素，那不成了和尚了吗？你能愿意吗？

甲：就算我愿意，我老婆也不愿意啊！哈哈。

乙：那是，她还不得来找我拼命啊！哈哈。

甲、乙：(向观众鞠躬)谢谢。

词语

1. 魅力	(名)	mèilì	charm
2. 小卖部	(名)	xiǎomàibù	buffet
3. 高血压	(名)	gāoxuèyā	hypertension
4. 高血脂	(名)	gāoxuèzhī	hemo
5. 老年痴呆		lǎonián chīdāi	dementia
6. 癌症	(名)	áizhèng	cancer

| 7. 吓唬 | （动） | xiàhu | swash |
| 8. 极端 | （名） | jíduān | extremeness |

有难同当，有福同享：汉语俗语，指朋友或亲人之间共同分享幸福，共同分担苦难。

老爸和老八

中国文化博大精深，
中国语言优美动听，
学习汉语，
其乐无穷。

适合高级水平汉语学习者演出

甲：啊，黄大哥，好久不见，最近怎么样？

乙：哎哟，这不是俄罗斯的沃瓦老弟吗？我还可以，你呢？

甲：马马虎虎，还那样呗。

乙：怎么，感觉沃瓦老弟好像有不高兴的事儿，和女朋友吹了？

甲：开什么玩笑啊，我一直是光棍儿一条，我爱的人不爱我，爱我的人我没感觉，哪来什么女朋友啊？

乙：(很自信地)那你是想找个女朋友喽，黄大哥帮你找，就看你想找个什么样的了。是想找一个漂亮妹妹还是想找一个

饱读诗书的才女啊？如果你要……

甲：(不耐烦地打断黄)行了，行了，黄大哥现在是怎么了，嘴里全是女人，我的烦恼和女朋友没有关系。

乙：(惊奇地)啊，是吗？中国有句俗话："男大当婚，女大当嫁"，你这么大小伙子不为女朋友愁还为啥愁啊？

甲：难道你没有听出来吗？我的汉语发音很让我头疼，哎，真没办法，总是改不过来。我的天哪，怎么办，我沃瓦这么帅的一个俄罗斯小伙子，说汉语却怎么也漂亮不起来。哎！(悲伤愁苦状)

乙：啊，是这样啊，我觉得你的汉语还可以啊！

甲：什么还可以啊？你没听出来吗？我的四和十总是说不对。还有，公鸡和工资我也分不清。我常常问别人："你一个月多少公鸡？"哎，真没面子。

乙：啊，发音问题啊，不用担心，我有一个极好的办法。

甲：(急切地)什么好办法？快告诉我。

乙：绕——口——令。

甲：什么是绕口令啊？

乙：很多语言里都有绕口令，比如我们韩语里的……(说一个简短的韩国绕口令)，俄语里也有吧？

甲：没错，俄语也有，比如……(快速说一个俄罗斯绕口令)，对吗？

乙：对，就是这个绕口令，能帮助我们练习发音。

甲：汉语里的绕口令多吗？

乙：多的是，你想练什么有什么。

甲：对我来说，最难的就是四和十了。

乙：不用担心，听我来给你说两段：四是四，十是十，十四是十四，四十是四十。莫把四字说成十，休将十字说成四。若要分清四十和十四，经常练说十和四。还有啊，三月三，小三去登山。上山又下山，下山又上山。登了三次山，跑了三里三。出了一身汗，湿了三件衫。小三山上大声喊："离天只有三尺三！"

甲：(惊叹地看着黄的嘴)我的天呢，这是嘴吗？

乙：你什么意思啊，(用手指着自己的嘴)这不是嘴是什么？难道是杯子？

甲：对不起，对不起，黄大哥，我不是那个意思，我的意思是说，这不是人的嘴。

乙：(生气了，瞪大了眼睛)你说什么？

甲：哎呀，看我这张嘴，怎么说，怎么说呢，你的嘴不一般，你的嘴，嘴……

相声 老爸和老八

LAO BA HE LAO BA

乙：嘴皮子吧。

甲：对对，是嘴皮子，你的嘴皮子太厉害了，太牛了！

乙：哪里，哪里，还差得远呢！老弟，还想练什么？

甲：黄大哥，船和窗我也说不清楚，我常常说上船睡觉，这怎么办呢？

乙：不用担心，汉语里有很多绕口令可以帮助我们练习an和ang。

甲：那黄大哥快说一个听听。

乙：好，没问题，各位朋友听好了，话说扁担长，板凳宽，板凳没有扁担长，扁担没有板凳宽。扁担要绑在板凳上，板凳偏不让扁担绑在板凳上。哈哈，怎么样？

甲：黄大哥太厉害了！你的嘴就是和我的不一样，我觉得你的舌头就好像是一条鱼，想去哪里就去哪里！我还有一个很大的问题。

乙：是不是声调啊？

甲：对对，你怎么知道？

乙：除了中国人，地球人都觉得声调很难。

甲：没错没错，我们班的同学都洋腔洋调！黄大哥，声调怎么办呢？

乙：不用担心，只要多练习绕口令，声调也是小意思，你听我说，大猫毛短，小猫毛长。大猫毛比小猫毛短，小猫毛比大猫毛长。还有啊，妈妈种麻，我去放马，马吃了麻，妈妈骂马。

甲：太清楚了，太好听了，黄大哥你太有才了，我崇拜死你了，你的嘴怎么那么厉害，天生的吗？

乙：天生的？怎么可能，主要是多练习，越练越觉得有意思。

甲：黄大哥，你当我的师傅吧，我跟你学汉语绕口令怎么样？

乙：好啊，又多了一个徒弟，我也算是桃李满天下了。

甲：(吃惊地瞪大了眼睛)什么，你已经有徒弟了？

乙：加上你，正好八个，够一个口语班了。

甲：啊，我以为我是老大，原来我是老爸(八)。

乙：什么，你是什么？

甲：我是老爸(八)啊？

乙：(非常生气的样子)你是谁老爸啊？

甲：师傅别生气，(一边用手做1到8的手势一边数数)，一——二——三——四——五——六——七——爸(八)，我是老爸啊。

乙：咳，你又说错了，不是老爸，是老八啊！
甲、乙：哈哈哈！

1. 莫	（副）	mò	don't
2. 休	（副）	xiū	don't
3. 板凳	（名）	bǎndèng	bench

注 释

1. **光棍儿**：汉语俗语，指年龄大了但是还没有结婚的男人。
2. **男大当婚，女大当嫁**：中国的一句俗话，意思是说男人和女人到了合适的年龄就应该结婚，建立自己的家庭。
3. **没面子**：意思是某件事让某人觉得不体面，没尊严。

4. **绕口令**：是一种语言游戏,用声、韵、调极易混同的字交叉重叠编成句子,要求一口气急速念出,说快了读音易发生错误。

5. **嘴皮子**：是指一个人说话的本事、能力。

6. **洋腔洋调**：形容人们学习外语时的发音特点。

7. **桃李满天下**：比喻教出的学生很多。

西行记

《西游记》是中国古代四大名著之一,
也是中国孩子最喜欢的故事。
请看一个现代西游故事,
这次不是去印度,
而是去荷兰。

适合高级水平汉语学习者演出

甲:请教您个问题啊。

乙:您说。

甲:您对中国熟悉吗?

乙:您把那"吗"字去了,我对中国很熟悉。

甲:真的很熟悉?

乙:真的很熟悉,都熟透了。

甲:那就好办了。我向您打听个地方。

乙:您说。

甲：这不，前一段儿我大侄子出了趟公差，去了那什么，(想一想)对了，阿姆斯特丹。这阿姆斯特丹在哪个省啊？

乙：哎，哎，您留神，别闪了舌头。

甲：怎么了？

乙：我给您说，您记住了。阿姆斯特丹——您听准了——在荷兰。

甲：噢，河南。那还不远，我放心了。

乙：什么您就放心了。是荷兰，不是河南。

甲：噢，是荷兰。那荷兰在中国什么地方啊？

乙：什么啊，荷兰是个国家，在欧洲哪！

甲：跟你开个玩笑，考考你基本的地理知识。这不，我大侄子(指着乙)……

乙：(推开甲的手)您说就行，别指。

甲：我大侄子把他这一路都用DV拍下来了，我昨天刚看完。

乙：他是坐火车去的还是坐飞机去的？

甲：骑着马去的。

乙：那行李怎么办啊？

甲：他有一个同事给他挑着呢。

乙：一个同事？

甲：不止一个，还有一个同事特胖，小伙子力气大，很能吃。就是长得丑了点儿，有点儿像猪。

乙：还有一个同事长得像猴吧？

甲：你怎么知道的？你很有才嘛。

乙：这个组合听着耳熟。

甲：他们出发之前，我给他们预备了干粮。

乙：四个大小伙子得多少干粮啊？

甲：别害怕，不够没关系，我还给他们准备了一个小铁碗。

乙：噢，要着饭去阿姆斯特丹啊！

甲：出公差嘛！

乙：这是出公差嘛？他们什么时候出发的？

甲：时间不长，大概一年前吧。

乙：一年前出发刚回来？看来路上要饭没少花时间。

甲：你不知道啊，他们出发那一天送行仪式可隆重了。他们公司董事长坐在中间，董事长旁边站着俩秘书，都拿着一米多高的扇子给董事长扇风。

乙：董事长够凉快的。

甲：董事长周围坐着五个女人，前边桌子上摆着苹果、橘子、桃什么的。

乙：你等会儿，这董事长有几个夫人？

甲：一个，其余四个都是董事长夫人的妹妹。

乙：好嘛，吓我一跳。

甲：董事长和夫人的座位前面有一排台阶，下了台阶有一条大道。公司各董事、部门经理按两队站在大道两旁，队伍足有二十几米。

乙：部门经理够多的。

甲：这时只见我大侄子骑着马走上大道，他的几个同事挑着行李在后边跟着。

乙：还有一个同事拿着棒子吧？

甲：什么棒子，明明是扁担！我大侄子和他几个同事立定之后，董事长给他们鼓劲儿："你们这次去河南意义……"(董事长用河南话)

乙：您留神，荷兰。

甲：噢，"你们这次去荷兰意义重大，希望你们艰苦奋斗，自力更生，早日把我们公司的账要回来。如果要不回来，你们也别回来了。"

乙：这是鼓劲儿吗？

甲：然后董事长赐给他们一人一个宝物。

乙：什么宝物？

甲：算盘。

乙：得，这是提醒别算错了账。

甲：董事长赐完宝物之后，我侄子大喊一声："得令！"他们几个就出发了。

乙：听着怎么这么别扭啊。

甲：我大侄子他们出发之后，先出了北京，来到天津，路过河北的石家庄、山东的济南、江苏的南京，来到上海；又从上海出发，走浙江的杭州、福建的福州、广东的广州、河南的郑

166

州、甘肃的兰州；期间，又路过了广西的南宁、江西的南昌、湖南的长沙、湖北的武汉、安徽的合肥、山西的太原、陕西的西安；最后走青海的西宁、西藏的拉萨、云南的昆明，来到了越南。

乙：这算出了中国。你大侄子他们怎么拐了这么多弯啊？

甲：这不借着公差顺便旅旅游嘛。

乙：公费旅游啊？

甲：他们又从越南出发，走老挝、柬埔寨、泰国、缅甸、孟加拉国，来到印度。

乙：唐朝那四位就在这儿停下的。

甲：我大侄子他们可没停，他们得要账啊。

乙：我差点儿把这茬儿给忘了。

甲：他们离开印度，走巴基斯坦、塔吉克斯坦、土库曼斯坦、乌兹别克斯坦、吉尔吉斯斯坦、哈萨克斯坦，过俄罗斯，来到乌克兰。

乙：这算到了欧洲。

甲：又从乌克兰出发，走罗马尼亚、保加利亚、阿尔巴尼亚、克罗地亚、斯洛文尼亚，到了意大利。接着他们坐船到了突尼斯，经过阿尔及利亚、摩洛哥、葡萄牙、西班牙、法国、瑞士、奥地利、匈牙利、捷克、斯洛伐克、德国、波兰、立陶宛、拉脱维亚、爱沙尼亚、芬兰、瑞典、挪威，游泳到了英国、比利时，最后终于抵达了荷兰的阿姆斯特丹。

乙：大侄子公费旅游，看把他叔叔累的！

甲：他们到阿姆斯特丹的那一天，董事长就给他们打电话了，"听说你们顺利到了，我们着实高兴啊！到了要了账就快回来吧。再不回来公司就要破产了，部门经理都走了好几个了。"

乙：合着这公司就指着这笔账活着呢！

甲：我大侄子他们几个接到董事长的指示，找到欠账的公司，经过一番谈判协商，从这公司裹了五六个大包袱，连夜坐飞机就回来了。一回来他们就去找董事长了。董事长看到五六个大包袱高兴地一下子就扑了上去，赶紧解开了包袱皮儿。

乙：这回董事长可见着钱了！

甲：一解开包袱皮儿，董事长就傻眼了，包袱里一分钱也没有。

乙：那是什么？

甲：全是书。

乙：什么书啊？

甲：《西游记》呗！

学习向导

词语

1.	侄子	（名）	zhízi	nephew
2.	干粮	（名）	gānliang	journey food
3.	仪式	（名）	yíshì	ceremony
4.	隆重	（形）	lóngzhòng	solemn
5.	扁担	（名）	biǎndan	shoulder pole
6.	账	（名）	zhàng	debt
7.	赐	（动）	cì	bestow
8.	算盘	（名）	suànpan	abacus
9.	着实	（副）	zhuóshí	indeed
10.	谈判	（动）	tánpàn	negotiate
11.	协商	（动）	xiéshāng	confer

注 释

1. 阿姆斯特丹：Amsterdam，荷兰首都。
2. 《西游记》：中国古代四大名著之一，写作时代为明朝中期，作者吴承恩。故事叙述唐僧与徒弟孙悟空、猪八戒、沙僧、白龙马，经过八十一次磨难，到西天取经的过程。

双簧

谈谈双簧

双簧这种曲艺形式诞生于清朝末年。创始人是清末硬书(自弹自唱)艺人黄辅臣。

关于双簧的产生,还流传着一个故事:清朝的慈禧太后除了爱看戏,也爱听曲艺说唱。据说有一次太后让黄辅臣进宫演出,当时黄辅臣已经七十多岁,不能演唱了,可他又不敢不去。怎么办呢?他想到自己的儿子也能弹能唱,于是就带儿子进了宫。表演时让他儿子蹲在袍子下面唱,他自己坐着弹奏,唱时只张嘴学他儿子的口形。慈禧看了很高兴,说:"你老了,嗓子倒好了,真是返老还童呀!"黄辅臣一谢恩下跪,慈禧发现他嗓音嘶哑,同时也发现了他的儿子,开始大怒,后得知一唱一表时高兴了,说:"你们这是双黄呀!"双黄本是两个姓黄的意思。后来为和京剧的二黄相区别,将黄字加个竹字头,从此有了双簧之名。

曲艺双簧多由相声演员兼演,由甲、乙二人表演。甲在前,模拟动作口形,称"前脸儿";乙在后说唱,称"后背"。这种传统说唱艺术,最重要的就是前后两人的配合与默契,有一副对联描述双簧的表演惟妙惟肖:假说真学仿佛一个,前演后唱喉咙两条。

相声双簧是双簧的标准形式,另外还有很多不同形式的双簧,如面具双簧、戏剧双簧、小品双簧、歌曲双簧等。

本书为读者安排了两个双簧,一个是《女友来信了》,另一个是《过大年》。

你演,
我说,
一对搭档,
无穷趣事……

适合初中级水平汉语学习者表演

道 具

1. 椅子一把
2. 纸一张
3. 白粉扑

甲：今天哪我俩给大家表演一段双簧，我说他演。来，米饭，我先给你化化妆。中国有句俗话：人不打扮不漂亮。

乙：有这俗话吗？我怎么听的是"三分长相，七分打扮"呢？

甲：对对对，一个意思。人不打扮不漂亮，这一打扮啊……

乙：是不是变帅了？

甲：还不如不打扮呢！

乙：去！你少贫了，咱快点儿开始吧。

[乙坐在椅子上，甲躲在椅子后面，甲在后面说，乙在前面边对口形边表演]

甲：本人姓米名饭，德国人士。二十有八，至今未婚。有意者请拨电话：13838……

[乙因甲捉弄他而生气了，忍不住说话了]

甲：你给我出来。

[甲从椅子后面出来]

甲：怎么了？

乙：什么叫至今未婚，有意者请拨电话啊？

甲：我这不是看你没有女朋友，替你着急，趁大伙都在做做广告嘛！

乙：谁说我没有女朋友？我和我女朋友玛丽都谈了半年了，感情那叫一个好啊。她三天两头给我写信，对我那叫一个爱啊，这不，(从衣服口袋里掏出一封信)又给我来信了。

甲：那咱给大伙儿念念？

乙：念就念。谁怕谁啊？

[乙重新坐在椅子上，甲回到椅子后面躲起来，甲说，乙对口形]

甲：亲爱的饭饭儿，都两天没给你写信了，这两天你过得好吗？想我了吧？你不在我身边的日子真是不好过啊！当我一个人坐在食堂吃饭的时候，我多想你能在我的身边！当我一个人走在回家的路上，我多想你能在我的身边！当我病了，我多想……可是你不在。我再也受不了没有你的日子了！亲爱的饭儿，有件事儿放在我心里已经六个月了，一直不好意思跟你说，就是，就是，就是，就是，就是……

[甲又在捉弄乙，故意不继续接着说，乙反复做娇羞状，最后实在忍不住又说话了]

乙：你倒是说啊！

甲：就是，我有新男朋友了！（乙做娇羞状配合甲说完，然后表现出又气又恨的表情）

乙：你给我出来！你安的是什么心哪？念一封信就让我和女朋友吹了？你也太损了！

甲：你让大伙看看，这可是白纸黑字，写得清清楚楚啊。看来，我刚才帮你做的自我介绍派上用场了吧！（快速重复开始的自我介绍）本人姓米名饭，德国人士。二十有八，至今未婚。有意者请拨电话：13838……

乙：去你的！

[甲、乙笑着谢幕]

过大年,
真热闹。
吃饺子,放鞭炮,
一家老小乐逍遥……

适合中级水平汉语学习者表演

道具

1. 椅子一把
2. 白粉若干
3. 红兜兜一件
4. 饺子、包子、年糕若干
5. 鞭炮三个

甲：大家好！

乙：大家好！

甲：我俩在这儿给大家拜年了，祝您各位身体健康，阖家幸福，万事如意，笑口常开！

乙：早生贵子！

甲：那是结婚的词儿！

乙：错了，错了，我重新说啊，恭喜发财！

甲：这就对了。

乙：挣了钱赶紧生孩子。

甲：怎么离不开生孩子了？

乙：您想啊，过年了，一家人要是没个小孩儿，多没劲哪！过年的时候，我就最喜欢和我小侄子一起放鞭炮。

甲：您看这样行不行？咱们就用双簧的形式把你小侄子过年放鞭炮的这一段给大家表演表演。(问观众)大家说好不好？

乙：您先别忙。什么是双簧啊？

甲：这双簧啊，简单地说就是一个演……

乙：一个说……

甲：说的不演，演的不说。

乙：那咱俩谁演谁说？

甲：当然是你演我说了。大家看，(托住乙的下巴)长得多像小侄子啊！

乙：去你的！那我先去化化妆！

[乙走到舞台后部,把头发扎成中国古代小孩儿的朝天辫,双眼、鼻子和嘴部涂上白粉,穿上中国小孩儿的红兜兜]

甲:咱们看看我这小侄子变成什么样了。

　　[乙转过脸来]

　　真漂亮!咱们开始吧!

乙:来!

　　[乙坐到椅子上,甲蹲在椅子后边]

甲:(用小孩儿的声音说,乙模仿小孩儿的动作根据甲的词表演,下同)过年了,真是好,天天好吃的吃不了。吃饺子,吃包子,再吃一块儿大年糕。哎,没吃饱。我再吃饺子,吃包子,再吃一块儿大年糕。哎,还没饱。我再吃饺子,吃包子;吃包子,吃饺子;吃饺子,吃包子;吃包子,吃饺子……

乙:(生气地站起来)你出来!我快撑死啦!

　　[甲站起来,走到椅子前边]

甲:我就是先试试你能不能演。

乙:快点儿放鞭炮吧!

甲:好,好。

　　[乙坐到椅子上,甲蹲在椅子后边]

　　哎呀,哎呀,吃饱啦。干点儿什么哪?放鞭炮吧!

　　[乙拿出一个鞭炮,点上,躲开,捂耳朵]

　　嘶……咚!真好玩儿!再放一个!

　　[乙又拿出一个鞭炮,点上,躲开,捂耳朵]

　　嘶……咚!哈哈!太好玩儿了!再放一个!

[乙再拿出一个鞭炮,点上,躲开,捂耳朵]

嘶……(没声音了,过了一会儿,乙拿起鞭炮看看)嘶……(听到声音,乙赶快放下鞭炮,捂耳朵,可又没声音了。乙又拿起鞭炮看看)

嘶……(听到声音,乙赶快放下鞭炮,捂耳朵,可又没声音了。乙再拿起鞭炮。这时,突然地)咚!

乙:(倒在地上)哎哟!

[甲、乙一起走到台前,鞠躬,下场]